上海新金融研究院

SHANGHAI FINANCE INSTITUTE

探索国际金融发展新趋势，求解国内金融发展新问题，

支持上海国际金融中心建设

新金融书系
NEW FINANCE BOOKS

危机后我国金融衍生产品发展路径选择

Options of Development Approach for China's
Financial Derivatives in the Post-crisis Era

廖岷 许臻 著

中国金融出版社

责任编辑：张　铁
责任校对：张志文
责任印制：陈晓川

图书在版编目（CIP）数据

危机后我国金融衍生产品发展路径选择（Weijihou Woguo Jinrong
Yansheng Chanpin Fazhan Lujing Xuanze）/廖岷，许臻著. —北京：中
国金融出版社，2016. 6
　　（新金融书系）
　　ISBN 978 - 7 - 5049 - 8336 - 7

　　Ⅰ.①危…　Ⅱ.①廖…②许…　Ⅲ.①金融衍生产品—研究—
中国　Ⅳ.①F832.5

中国版本图书馆 CIP 数据核字（2016）第 080946 号

出版
发行　　中国金融出版社

社址　北京市丰台区益泽路 2 号
市场开发部　（010）63266347，63805472，63439533（传真）
网 上 书 店　http://www.chinafph.com
　　　　　　　（010）63286832，63365686（传真）
读者服务部　（010）66070833，62568380
邮编　100071
经销　新华书店
印刷　北京市松源印刷有限公司
尺寸　170 毫米 ×230 毫米
印张　12.5
字数　147 千
版次　2016 年 6 月第 1 版
印次　2016 年 12 月第 2 次印刷
定价　40.00 元
ISBN 978 - 7 - 5049 - 8336 - 7/F. 7896
如出现印装错误本社负责调换　联系电话（010）63263947

新金融书系
NEW FINANCE BOOKS

中国的金融发展史就是一部"新金融"的历史，金融业的版图无时无刻不在演变、重塑。不断革新的金融工具、运行机制和参与主体塑造了不断变化的金融业态和格局。理念与技术的创新在推动金融结构演进、金融改革深化的同时，也为整个金融业的发展带来了机遇与挑战。

"新金融书系"是由上海新金融研究院（Shanghai Finance Institute, SFI）创设的书系，立足于创新的理念、前瞻的视角，追踪新金融发展足迹，探索金融发展新趋势，求解金融发展新问题，力图打造高端、权威、新锐的书系品牌，传递思想，启迪新知。

上海新金融研究院是一家非官方、非营利性的专业智库，致力于新金融领域的政策研究。研究院成立于 2011 年 7 月 14 日，由中国金融四十人论坛（China Finance 40 Forum，CF40）举办，与上海市黄浦区人民政府战略合作。研究院的宗旨是：探索国际金融发展新趋势，求解国内金融发展新问题，支持上海国际金融中心建设。

上海新金融研究院努力提供一流的研究产品和高层次、有实效的研讨活动，包括举办闭门研讨会、上海新金融年会、互联网金融外滩峰会，开展课题研究，出版《新金融评论》、新金融书系等。

"中国金融四十人论坛"是一家非官方、非营利性的专业智库，专注于经济金融领域的政策研究。论坛由 40 位 40 岁上下的金融精锐组成，即"40×40 俱乐部"。本智库的宗旨是：以前瞻视野和探索精神，致力于夯实金融学术基础，研究金融领域前沿课题，推动中国金融业改革与发展。

前言

　　过去 50 年间，作为现代金融发展相对高级阶段的产物，金融衍生产品在欧美发达国家和一些新兴国家获得了巨大的发展，但在我国，由于各种原因，其发展速度相对较慢，避险功能和价格发现功能还没有得到充分发掘。顺应现代经济金融发展内在规律，提升金融衍生产品对实体经济的服务能力，是我国经济金融界的共识。然而，具有广度和深度的金融衍生产品市场不可能一蹴而就，需要立足我国经济金融实际，借鉴国际经验，特别是要吸取美国次贷危机的教训，有序稳步地推进有利于金融衍生产品发展的市场建设。

　　国内外对金融衍生产品的研究领域主要集中在衍生产品的定价理论和风险管理等领域，对于衍生产品发展路径的研究相对较少。

　　关于衍生产品的发展顺序。1996 年 George Tsetsekos 对 29 个国家 75 个交易所的统计显示，最普遍的衍生合约产品是指数型产品，其次是利率型产品，最后是农产品。而标的出现的顺序依次是农产品、非贵金属、贵金属、货币、利率、股票、能源和指数。一般而言，新兴市场国家比发达国家引入衍生产品所需的时间更长，但新兴市场国家引入股指类产品的速度比发达国家要快。数据显示，早期的交易所往往先引进农产品衍生产品，新近建立的交易所则先发展利率衍生产品、指数衍生产品和股票类衍生产品，商品市场全球化及农产品市场开放的新兴市场国家更愿意发展金融衍生产品。在新兴市场国家，率先引入指数类和利率类的产品更为容易。George Tsetsekos（1996）的实证研究表明新兴市场国家和发达国家的衍生产品发展顺序不同：新兴市场国家往往先产生指数类衍生产品，然后是股指类和利率衍生产品，之后是货币衍生产品；发达国家先发展农业衍生产品，然后才是股票和利率衍生产品。这主要是因为发达国家建立交易所的时候农产品在经济中的地位十分重要。Tsetsekos试图通过研究发达国家和新兴市场国家宏观经济环境及资本市场环境的不同，来揭示其衍生产品交易发展程度的差异，但结果显示，两者没有显著的相关性。

关于交易所的清算制度。清算制度设计的合理与否直接关系着衍生产品交易风险控制的有效性。George Tsetsekos（1996）认为，清算是交易所一个非常重要的职能，最佳的选择是采用保证金制度。大部分交易所都有自己的清算机构，超过50%的交易所有初始保证金要求，并通过自身的清算机构进行清算。大约30%的交易所通过独立的公司进行清算。只有3家交易所通过央行清算或在结算中通过银行担保。在保证金交存的具体方式是总值还是净值，以及清算机构可接受的担保品等方面，各国的交易所存在差异。十国集团央行支付和清算体系委员会（1997）的《交易所衍生工具的清算安排》指出，期货和期权市场的金融交易完整性依赖于交易清算和结算安排的完善性。该报告描述和分析了十国集团交易所衍生产品的清算安排，重点关注交易所的清算机构。报告分析了清算机构风险的主要来源：价格波动导致违约风险，以及难以应对的损失和流动性问题；缺乏监控及处置当日风险的体系；货币结算安排的缺陷。针对这些风险问题，该报告提出了强化清算安排的对策：使用压力测试识别并限制价格波动导致的潜在风险，以确保清算机构有足够的金融支持来应对此种情况；通过更多实时交易撮合、更频繁地计算风险暴露和更频繁的结算来降低当日的交易风险。

关于发展金融衍生产品市场的基础条件，Fratzscher（2006）指出，标的资产的市场流动性，稳健的会计、税收及监管标准，以及成熟的市场环境是比较重要的指标。韩立岩等（2009）对 Fratzscher 主张的重要指标在我国的现状进行了分析，表示有关基本条件仍然不成熟。关于衍生产品的演进模式，陈晗（2008）指出，金融衍生产品发展过程中存在两类演进模式：强制性演进模式和诱致性演进模式。在相当长的时期内，金融衍生产品市场的发展属于诱致性制度变迁，衍生产品的出现完全是自发的，政府从未有意识地推动衍生产品市场的发展，甚至法律常常成为衍生产品发展的障碍。发达市场更倾向于诱致性制度变迁，以美国、英国为代表，而新兴市场更偏向于强制性制度变迁，以日本、韩国、新加坡、印度及我国香港和台湾地区为代表。在强制性变迁的国家和地区中，日本和印度都有失败的案例，韩国和新加坡的政府介入迅速而准确，取得了较大的成功。

本书共分为五章。第一章，介绍了金融衍生产品的基本概念、功能、全球最新的衍生产品发展概况和特点。第二章，从"产品维度"对商品类、汇率类、权益类、利率类和信用类衍生产品在各国产生的必要条件进行了考察分析，也从"国别维度"考察了几个具有典型意义的发达国家和发展中国家的衍生产品市场发展路径，证明交易标的物价格的波动是衍生产品产生的核心条件之一。第三章，较为系统地介绍了金融监管理论，并考察美国、英国和日本的金融监管体系，研究管制和创新的关系，证明金融监管的放松也是金融衍生产品推出的核心条件之一。第四章，本书认为有两个重要的变量影响衍生产品的推出，即衍生产品对应基础资产价格的波动率和政府对相关领域的监管程度。只有衍生产品对应的基础资产价格波动剧烈且政府对该领域管制宽松的时候，此类衍生产品市场才能产生。我们选取南华中国商品综合指数、沪深 300 指数、人民币 NDF、FR007（与 10 年固定利率国债到期收益率的平均值）和不良贷款率，分别代表商品类、权益类、汇率类、利率类和信用类衍生产品的基础资产，得出波动系数。对于金融监管环境，我们采取专家问卷调查的方式，向上海辖内银行业金融机构、证券公司、期货公司和信托公司的相关专家发出调查问卷，将调查结果量化后得出了管制环境系数。两个系数结合得到了各类衍生产品的发展系数，据此提出我国五大类衍生产品发展路径，即优先发展利率类衍生产品，进一步发展商品类衍生产品，稳健发展权益类衍生产品，加快发展汇率类衍生产品和信用类衍生产品。第五章，介绍了危机后国际衍生产品系统性风险监管的新趋势，重点是推动合格中央对手方（CCP）清算机制建设，并结合我国实际，提出当务之急是要加快推进我国合格中央对手方建设，奠定金融衍生产品发展的市场基础。

本书的创新点体现在三个方面。第一，通过"国别维度"和"产品维度"的研究，总结出衍生产品市场发展的两个必要条件：基础资产的波动率和金融监管程度。第二，建立了一个简单的量化评估体系，提出我国金融衍生产品的发展路径。第三，系统地分析了中央对手清算机制在金融衍生产品市场中的积极作用。本书立足于丰富的数据与实例，梳理了国际上金融衍生品发展脉络，希望能对我国研究金融衍生产品创设、市场发展和监管优化起到一定的参考作用，更希望能够促进合格中央对手方建设和中央对手清算机制在国内健康发展。

本书为上海新金融研究院内部课题研究成果。在课题评审会上，复旦大学袁志刚教授、上海交通大学吴冲锋教授、交通银行涂宏总经理等专家给予了非常中肯的评估意见。在研究过程中，上海清算所的专家们提出了很好的建议。上海银监局创新处、衍生品与交易业务小组的陈小鹏、赵光南、管申一、吉玉萍、葛亮等同志帮助收集了大量数据并整理了书稿。中国金融出版社编辑同志细致和专业的服务也让我们受益良多，在此一并感谢。本书属于宏观系统演进研究，对金融衍生产品市场这个复杂系统做了高度的简化，对演进过程的认识还是初步的，有待今后进一步研究更深刻的机理，请各方面专家指正。

目录

表目录

图目录

第一章　金融衍生产品发展最新动态

第一节　全球金融衍生产品市场的总体状况

本节根据世界清算银行（BIS）和其他国际金融组织公布的全球衍生产品交易数据，对交易所和场外两个市场以及主要国家的金融衍生产品规模做简要的描述。

一、交易所金融衍生产品

（一）基本情况

交易所金融衍生产品合约包括利率期货（期权）、货币期货（期权）、股票指数期货（期权）及股票期货（期权）等品种。根据国际清算银行（BIS）的数据，2015 年 6 月期货类合约未到期合约金额总量为 28 万亿美元，相比 2001 年增长 190%；期权类合约未到期合约金额总量为 42 万亿美元，相比 2001 年增长 201%（见图 1-1）。全球交易所场内金融衍生产品发展的总体趋势是，未到期合约总量在 2007 年末达到峰值，2008 年金融危机后快速下降，近两年场内衍生交易活跃度上升，整体已接近 2007 年末的水平。其中，货币类、股权类期货合约金额总量和总成交金额已超过危机前的水平。

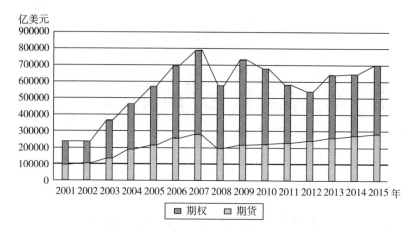

资料来源：国际清算银行（BIS）。

图 1 - 1 2001—2015 年全球场内金融衍生产品未到期合约金额总量

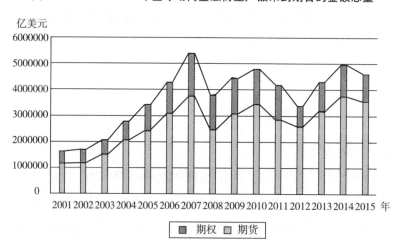

资料来源：国际清算银行（BIS）。

图 1 - 2 2001—2015 年全球场内金融衍生产品总市场价值情况

按照基础资产分类来看，利率类产品为主要交易品种，2015 年 6 月全球利率类期货、期权的交易量分别为 280 万亿美元、70 万亿美元，分别占市场的 79.0% 和 65.1%。

表 1 - 1 　　　2001—2015 年全球场内交易金融衍生产品情况

（未到期合约金额总量）　　　单位：亿美元

时间	期货合约				期权合约			
	利率类	货币类	股权类	市场总计	利率类	货币类	股权类	市场总计
2001 年 12 月	92696	727	3319	96742	124928	265	14770	139963
2002 年 12 月	99556	524	3485	103564	117595	267	16259	134121
2003 年 12 月	131237	876	4972	137085	207938	374	20130	228442
2004 年 12 月	181649	1137	6234	189020	246041	603	27374	274018
2005 年 12 月	207087	1217	7707	216011	315882	660	37740	354282
2006 年 12 月	244762	1793	10288	256844	381164	786	52718	434668
2007 年 12 月	267672	1813	11199	280684	442817	1327	63815	507959
2008 年 12 月	187292	1277	6601	195170	339790	1293	41351	382435
2009 年 12 月	206295	1461	9774	217529	464284	1473	48236	513993
2010 年 12 月	210101	1718	11318	223137	409287	1442	45858	456588
2011 年 12 月	217097	2240	9731	229069	315756	878	37502	354136
2012 年 12 月	226269	2317	12127	240713	258958	1056	40360	300375
2013 年 12 月	241651	2439	13783	257873	327862	1426	53816	383104
2014 年 12 月	253484	2337	15717	271538	318740	1434	56716	376891
2015 年 6 月	261164	2329	16982	280475	357072	1555	63136	421763

资料来源：国际清算银行（BIS）。

表 1 - 2 　　　2001—2015 年全球场内交易金融衍生产品情况

（总市场价值）　　　单位：亿美元

时间	期货合约				期权合约			
	利率类	货币类	股权类	市场总计	利率类	货币类	股权类	市场总计
2001 年 12 月	1111397	9322	54678	1175398	387220	964	70921	459105
2002 年 12 月	1124923	7352	67435	1199710	399419	909	99488	499816
2003 年 12 月	1429780	12341	84761	1526882	415186	1305	127801	544291

续表

时间	期货合约				期权合约			
	利率类	货币类	股权类	市场总计	利率类	货币类	股权类	市场总计
2004 年 12 月	1954452	23484	103759	2081694	565743	1904	135949	703595
2005 年 12 月	2253146	33025	150382	2436553	768309	2345	220460	991114
2006 年 12 月	2853096	46686	202254	3102037	957907	3177	245432	1206516
2007 年 12 月	3344013	58255	357994	3760263	1239186	6547	384132	1629865
2008 年 12 月	2147037	51334	266017	2464388	1075143	4446	249452	1329042
2009 年 12 月	2762369	75864	239967	3078199	1065202	5817	298122	1369140
2010 年 12 月	3072641	90923	279215	3442779	959847	6964	386158	1352969
2011 年 12 月	2479508	81225	297281	2858014	976122	5198	342536	1323856
2012 年 12 月	2263028	73454	283567	2620049	542955	6060	224802	773817
2013 年 12 月	2803608	64538	334945	3203091	788823	7198	302642	1098663
2014 年 12 月	3177229	81933	501276	3760438	732966	9369	475047	1217381
2015 年 6 月	2799137	71572	670733	3541442	700779	9434	366423	1076637

资料来源：国际清算银行（BIS）。

（二）不同国家和地区的交易所市场金融衍生产品情况

全球期货业协会（FIA）对全球 75 家交易所衍生产品成交量的统计显示，2014 年全球在交易所内交易的期货、期权等衍生产品交易总量为 218 亿手，同比略上涨 1.5%。北美、欧洲地区成交量同比上涨，分别为 4.9% 和 2.1%，但亚太地区则下降 0.7%。

表 1-3　　　　2013—2014 年全球期货与其他衍生产品

成交量分地区比较情况

地区	2013 年成交量（手）	2014 年成交量（手）	同比增长（%）
北美	7830496564	8212951665	4.9
亚太地区	7301581335	7252376703	-0.7
欧洲	4359086394	4450348259	2.1

续表

地区	2013 年成交量（手）	2014 年成交量（手）	同比增长（％）
拉丁美洲	1683182520	1514203690	−10.0
其他地区	377405023	437558230	15.9
全球总量	21551751836	21867438547	1.5

注：地域分布按交易所注册地划分。

资料来源：FIA。

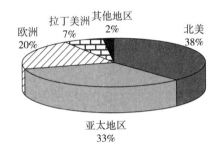

资料来源：FIA。

图 1 - 3　2014 年全球期货及其他衍生产品成交量地域分布

二、场外市场（OTC）金融衍生产品

（一）基本情况

OTC 金融衍生产品市场的主要交易品种是外汇远期和外汇互换、远期利率协议、利率（货币）互换及利率（货币）期权。外汇衍生产品市场中，美元产品占比最大。利率类衍生产品中，市场占比较大的是远期利率协议和利率互换。近年来的观察表明，利率衍生产品的重要性日益突出，其未到期合约金额总量占整个市场的 80％。其中，利率互换以 381 万亿美元的合约金额，远远领先于其他衍生产品，凸显其重要地位。

表1-4　　2005—2014年全球OTC市场金融衍生产品情况
（未到期合约金额总量）

单位：亿美元

	2005-12	2006-12	2007-12	2008-12	2009-12	2010-12	2011-12	2012-12	2013-12	2014-12
汇率类	313604	402709	562382	500423	491810	577959	633814	673584	705526	758788
其中：远期外汇合约	158729	198824	291437	244936	231292	284333	305257	317180	332185	370755
外汇互换	85039	107916	143467	149408	165090	192711	227910	254200	254479	242035
外汇期权	69836	95969	127479	106079	95428	100915	100647	102204	118862	145998
利率类	2119705	2915815	3931381	4326571	4498747	4652596	5041175	4926046	5847992	5054539
其中：远期利率协议	142687	186679	265988	415613	517792	515870	505958	719602	788097	808357
利率互换	1691062	2296931	3095883	3411276	3492880	3643772	4026106	3722930	4567254	3810276
期权	285956	432205	569511	499682	488076	492955	509111	483514	492641	435906
股权类	57932	74880	84693	64711	59375	56349	59823	62514	65604	79404
其中：远期和互换	11765	17675	22330	16268	16520	18283	17384	20445	22765	24953
期权	46167	57205	62363	48443	42855	38067	42440	42069	42839	54451
商品类	54345	71150	84555	44271	29440	29220	30910	25871	22041	18684
信用违约互换	139083	286503	582437	418827	326927	298976	286262	250685	210198	163989
其他	307940	430258	613874	626672	632699	395364	426125	418149	254963	226087
合计	2992609	4181314	5859323	5981475	6038998	6010464	6478108	6356848	7106325	6301491

资料来源：国际清算银行（BIS）。

表1-5 2005—2014年全球OTC市场金融衍生产品情况（总市场价值）

单位：亿美元

	2005-12	2006-12	2007-12	2008-12	2009-12	2010-12	2011-12	2012-12	2013-12	2014-12
汇率类	9969	12657	18069	40839	20697	24825	25923	23130	22841	29437
其中：远期外汇合约	4060	4686	6745	18302	6832	8856	9227	8056	8244	12047
外汇互换	4528	6010	8172	16331	10426	12348	13245	12586	11863	13505
外汇期权	1381	1962	3152	6207	3439	3621	3452	2488	2734	3886
利率类	53972	48258	71765	200869	140197	147461	200009	190383	141999	156082
其中：远期利率协议	221	321	411	1655	803	2060	675	477	1078	1450
利率互换	47778	41630	61826	181575	125757	131387	180458	172850	129185	139465
期权	5972	6308	9529	17639	13638	14014	18876	17056	11736	15167
股权类	5819	8528	11419	11118	7081	6477	6732	5998	7000	6120
其中：远期和互换	1118	1664	2387	3352	1765	1673	1555	1566	2024	1773
期权	4701	6864	9032	7765	5317	4805	5177	4431	4976	4348
商品类	8707	6675	18984	9552	5451	5262	4665	3467	2638	3175
信用违约互换	2426	4701	20199	51162	18013	13524	15861	8476	6534	5930
其他	17104	17089	17588	39268	23976	15431	19777	18079	7241	8031
合计	97997	97908	158025	352807	215416	212981	272967	249533	188254	208775

资料来源：国际清算银行（BIS）。

根据 BIS 的数据，2005 年到 2014 年的十年内，金融衍生产品 OTC 市场增长较快。2014 年 12 月末，OTC 市场未到期合约金额总量为 630.1 万亿美元，比 2005 年末增加了 111%，平均年增长率达到 11.1%。受利率类产品拉动，这个指标在金融危机后仍然保持持续上升的态势。此外，OTC 市场的总市值在 10 年内增加了 113%，达到了 20.8 万亿美元，在金融危机后同样总体是上升的。其中，造成金融危机的主要衍生产品——信用违约互换形成倒"V"形趋势，自 2004 年末的 1355 亿美元增长到 2008 年的 5.1 万亿美元，5 年期间增长达 35 倍，之后一直萎缩，到 2014 年末只有 5930 亿美元。

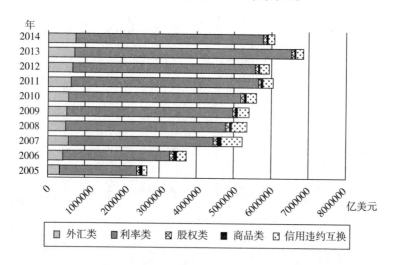

资料来源：国际清算银行（BIS）。

图 1-4 2005—2014 年全球 OTC 市场金融衍生产品情况

（未到期合约金额总量）

（二）不同国家和地区的 OTC 市场金融衍生产品情况

从全球 OTC 市场金融衍生产品交易情况的地域分布来看，英国的日均成交量份额遥遥领先，持续位居第一。2013 年英国交易量在全球的占比达到 48.86%，美国占比为 22.77%。亚太地区中，日本以

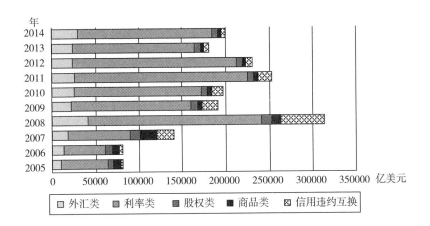

资料来源：国际清算银行（BIS）

图1-5 2005—2014年全球OTC市场金融衍生产品情况

（总市场价值）

2.43%暂居领先位置，但相比2010年已有所下降，而澳大利亚近年来发展迅速，以2.4%占据次席，后面依次为新加坡和中国香港。我国从2010年到2013年也有显著发展，日均成交量增长达7.6倍。

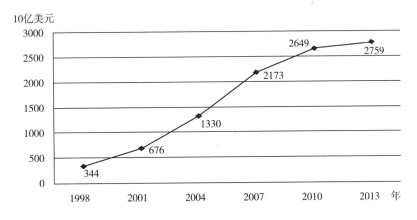

资料来源：国际清算银行（BIS）

图1-6 1998—2013年全球OTC市场金融衍生产品日均交易量情况

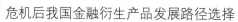

表1-6 不同国家和地区的OTC市场金融衍生产品日均交易成交量情况　　单位：10亿美元，%

国家（地区）	1998年		2001年		2004年		2007年		2010年		2013年	
	成交量	占比	成交量	占比	成交量	占比	成交量	占比	成交量	占比	成交量	占比
阿根廷	0.00	0.00	0.00	0.00	0.00	0.00	0.00	0.00	0.00	0.00	0.00	0.00
澳大利亚	2.83	0.82	9.81	1.45	12.75	0.96	22.72	1.05	40.64	1.53	66.18	2.40
奥地利	3.33	0.97	4.24	0.63	13.54	1.02	4.90	0.23	4.83	0.18	1.17	0.04
巴林	0.19	0.05	0.22	0.03	0.10	0.01	0.14	0.01	0.05	0.00	0.09	0.00
比利时	4.86	1.41	14.09	2.08	30.52	2.29	21.61	0.99	9.99	0.38	8.63	0.31
巴西	0.00	0.00	0.26	0.04	0.90	0.07	0.13	0.01	6.96	0.26	3.54	0.13
保加利亚	0.00	0.00	0.00	0.00	0.00	0.00	0.02	0.00	0.00	0.00	0.00	0.00
加拿大	6.42	1.87	9.92	1.47	12.12	0.91	20.58	0.95	41.69	1.57	33.97	1.23
智利	0.00	0.00	0.00	0.00	0.02	0.00	0.01	0.00	0.20	0.01	0.13	0.00
中国	0.00	0.00	0.00	0.00	0.00	0.00	0.00	0.00	1.52	0.06	12.97	0.47
中国台北	0.12	0.03	0.11	0.02	1.54	0.12	1.46	0.07	1.57	0.06	0.58	0.02
哥伦比亚	0.00	0.00	0.00	0.00	0.00	0.00	0.01	0.00	0.02	0.00	0.12	0.00
捷克	0.00	0.00	0.17	0.03	0.62	0.05	0.71	0.03	0.30	0.01	0.16	0.01
丹麦	4.17	1.21	5.79	0.86	10.82	0.81	10.04	0.46	16.40	0.62	59.35	2.15

续表

国家（地区）	1998年		2001年		2004年		2007年		2010年		2013年	
	成交量	占比	成交量	占比	成交量	占比	成交量	占比	成交量	占比	成交量	占比
爱沙尼亚	0.00	0.00	0.00	0.00	0.00	0.00	0.00	0.00	0.00	0.00	0.00	0.00
芬兰	2.12	0.62	0.51	0.08	0.27	0.02	3.03	0.14	1.33	0.05	2.37	0.09
法国	40.58	11.81	65.10	9.63	151.30	11.37	176.13	8.10	193.33	7.30	202.21	7.33
德国	29.08	8.46	94.03	13.91	42.78	3.22	90.24	4.15	48.47	1.83	101.35	3.67
希腊	0.00	0.00	0.03	0.00	0.17	0.01	0.23	0.01	0.20	0.01	0.04	0.00
中国香港	2.44	0.71	2.64	0.39	11.26	0.85	17.29	0.80	18.46	0.70	27.90	1.01
匈牙利	0.00	0.00	0.00	0.00	0.20	0.01	0.83	0.04	0.17	0.01	0.08	0.00
印度	0.00	0.00	0.11	0.02	0.75	0.06	3.40	0.16	3.50	0.13	3.25	0.12
印度尼西亚	0.00	0.00	0.00	0.00	0.02	0.00	0.07	0.00	0.00	0.00	0.02	0.00
爱尔兰	1.81	0.53	5.82	0.86	11.78	0.89	7.17	0.33	7.11	0.27	3.22	0.12
以色列	0.00	0.00	0.00	0.00	0.00	0.00	0.00	0.00	0.00	0.00	0.37	0.01
意大利	4.06	1.18	23.70	3.51	37.86	2.85	29.84	1.37	27.27	1.03	24.01	0.87
日本	31.62	9.20	15.76	2.33	30.86	2.32	76.36	3.51	89.92	3.39	67.14	2.43
韩国	0.01	0.00	0.08	0.01	0.87	0.07	5.39	0.25	10.69	0.40	7.84	0.28

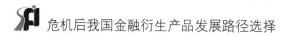
续表

国家（地区）	1998 年 成交量	1998 年 占比	2001 年 成交量	2001 年 占比	2004 年 成交量	2004 年 占比	2007 年 成交量	2007 年 占比	2010 年 成交量	2010 年 占比	2013 年 成交量	2013 年 占比
拉脱维亚	0.00	0.00	0.00	0.00	0.00	0.00	0.00	0.00	0.00	0.00	0.00	0.00
立陶宛	0.00	0.00	0.00	0.00	0.01	0.00	0.05	0.00	0.02	0.00	0.00	0.00
卢森堡	2.01	0.58	4.46	0.66	7.34	0.55	3.41	0.16	2.44	0.09	0.38	0.01
马来西亚	0.00	0.00	0.03	0.00	0.06	0.00	0.14	0.01	0.13	0.00	0.15	0.01
墨西哥	0.18	0.05	0.37	0.05	1.39	0.10	2.92	0.13	1.39	0.05	2.39	0.09
荷兰	3.54	1.03	24.21	3.58	18.83	1.42	26.96	1.24	61.33	2.32	28.69	1.04
新西兰	0.42	0.12	0.31	0.05	1.27	0.10	2.78	0.13	1.50	0.06	2.54	0.09
挪威	2.82	0.82	2.91	0.43	5.21	0.39	6.65	0.31	11.95	0.45	5.65	0.20
秘鲁	0.00	0.00	0.00	0.00	0.00	0.00	0.02	0.00	0.00	0.00	0.04	0.00
菲律宾	0.00	0.00	0.00	0.00	0.02	0.00	0.00	0.00	1.09	0.04	0.04	0.00
波兰	0.00	0.00	0.44	0.06	0.96	0.07	2.68	0.12	1.56	0.06	3.04	0.11
葡萄牙	1.00	0.29	0.33	0.05	0.73	0.05	0.79	0.04	0.74	0.03	0.72	0.03
罗马尼亚	0.00	0.00	0.00	0.00	0.00	0.00	0.00	0.00	0.00	0.00	0.00	0.00
俄罗斯	0.00	0.00	0.00	0.00	0.00	0.00	0.00	0.00	0.00	0.00	0.22	0.01

续表

国家（地区）	1998年		2001年		2004年		2007年		2010年		2013年	
	成交量	占比	成交量	占比	成交量	占比	成交量	占比	成交量	占比	成交量	占比
沙特	0.25	0.07	0.13	0.02	0.13	0.01	0.28	0.01	0.14	0.01	0.15	0.01
新加坡	5.34	1.55	3.19	0.47	8.60	0.65	57.41	2.64	34.58	1.31	37.14	1.35
斯洛伐克	0.00	0.00	0.01	0.00	0.00	0.00	0.00	0.00	0.00	0.00	0.01	0.00
斯洛文尼亚	0.00	0.00	0.00	0.00	0.00	0.00	0.02	0.00	0.00	0.00	0.00	0.00
南非	0.75	0.22	0.58	0.09	2.96	0.22	4.47	0.21	6.03	0.23	10.59	0.38
西班牙	2.87	0.84	20.46	3.03	11.93	0.90	16.78	0.77	30.74	1.16	13.73	0.50
瑞典	3.57	1.04	3.22	0.48	7.41	0.56	12.29	0.57	18.25	0.69	17.00	0.62
瑞士	5.88	1.71	9.61	1.42	12.05	0.91	60.65	2.79	74.86	2.83	32.62	1.18
泰国	0.00	0.00	0.01	0.00	0.10	0.01	0.39	0.02	0.70	0.03	0.77	0.03
土耳其	0.00	0.00	0.00	0.00	0.02	0.00	0.12	0.01	0.00	0.00	0.12	0.00
英国	122.93	35.77	237.76	35.17	563.01	42.32	957.09	44.04	1234.90	46.62	1347.75	48.86
美国	58.45	17.01	115.67	17.11	317.44	23.86	525.01	24.16	641.83	24.23	628.15	22.77
合计	344	100	676	100	1330	100	2173	100	2649	100	2759	100

资料来源：国际清算银行（BIS）。

第二节　此次金融危机后金融衍生产品市场的发展特点

国际金融衍生产品市场在 2008 年之前的 30 多年中，市场规模持续扩大，在 2008 年达到高点，相比 1998 年底增长了近十倍。越来越多的非金融机构参与衍生产品交易之中，以外汇衍生产品为例，1998 年底非金融企业参与规模为 3.29 万亿美元，至 2008 年 6 月规模扩大至 11.36 万亿美元。这一时期正处于金融自由化阶段，国际金融衍生产品监管趋向宽松，相对于外部监管而言更加强调行业自律和机构内部管理。从品种来看，利率类、汇率类、权益类和信用类等品种相继出现，以 CDS 为代表的信用类衍生产品更是成为市场发展的亮点。以 2008 年金融危机为分水岭，因金融衍生产品对金融系统造成了巨大的冲击和危害，国际监管领域对其进行反思并作出重大改革，场外市场的治理与规范成为主要方向。尽管金融监管予以强化，但金融衍生产品仍然保持了旺盛的生命力，发展呈现出以下特点。

一、场内市场：短期反复后企稳

在金融危机的不同阶段，多数金融衍生产品场内交易都呈现出交易量反弹后下调，继而再反弹再下调的走势。根据 BIS 统计，全球场内交易金融衍生产品未到期合约金额总量从 2001 年末的 23.67 万亿美元快速发展到 2007 年末的 78.86 万亿美元，然后开始下跌，到 2008 年末仅为 57.76 万亿美元，2009 年又开始反弹，到 2009 年末达到 73.15 万亿美元，随后一路下滑到 2012 年末的 54.11 万亿美元，2013

年、2014 年又开始反弹，截至 2015 年上半年末已回升至 70. 22 万亿美元。目前来看，总体规模增长趋于平衡。

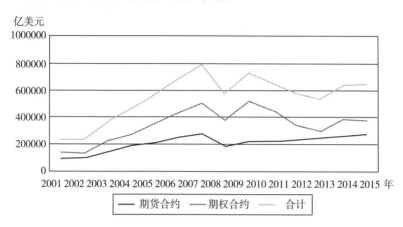

资料来源：国际清算银行（BIS）。

图 1 - 7 2001—2015 年全球场内金融衍生产品未到期合约变化趋势

二、场外市场重拾增势，主体地位不变

危机前，OTC 市场保持了快速发展态势，根据国际清算银行的数据，金融衍生产品未到期合约金额从 2004 年底的 258 万亿美元发展到 2007 年的 586 万亿美元，随后横盘震荡整理，并逐步重拾升势。在危机后，场外市场监管不足和巨大风险引起社会各界很大的质疑，一定程度上限制了场外市场的发展，而场内市场相对受影响较少，这反映到实际数据上，场外市场规模占比从 2008 年底的 91.2% 下降到 2010 年 6 月的 88.5%。自 2010 年下半年开始，相应的监管改革逐渐推进，场外市场的交易方式和风险控制措施有所改变，交易规模重拾升势，市场占比下降的趋势得以逆转，相对场内市场的优势继续得到巩固，截至 2014 年 12 月末，场外市场衍生产品规模占比已达到 90.7%。

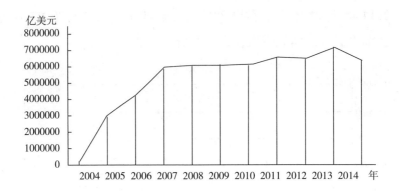

资料来源：国际清算银行（BIS）。

图1-8 危机后全球OTC市场金融衍生产品未到期合约走势

三、不同品种衍生品的发展态势和期限结构发生了明显变化

危机以后场外各类衍生产品有一个共同点，即总市值都未超过前期高点，但具体变化趋势不尽相同。利率类和汇率类衍生产品市值变化趋势类似，即经历了"急速下降—显著上升—反复震荡"的走势；权益类衍生产品呈快速下降随即平稳趋降的态势；而商品类和CDS市值变化相似，基本呈现持续下降趋势。危机前，场外衍生产品市场期限结构上呈现出明显的长期化特征，5年以上期限的衍生产品规模占比逐步提高，到2008年底达到23.2%的高点，在危机以后，期限结构的短期化特征日渐明显。

四、总体风险敞口明显降低

次贷危机发生前，由于对场外衍生产品市场监管相对不足，造成了其总体风险敞口过度膨胀。根据国际清算银行统计，1998—2008年，场外衍生产品总体风险敞口从1.2万亿美元膨胀到超过5万亿美元，增幅接近320%。次贷危机发生后，全球衍生产品市场尤其是场外衍生产品市场的自律和监管明显加强。一是市场方面的主动变革，包括推进中央对手方清算，增加市场透明度，提供更多的行业报告等。二是政府系统地改革监管。例如，美国于 2010 年 6 月出台《多德—弗兰克法案》，强调对场外衍生产品的监管，提出了对衍生产品和从事衍生产品交易公司的具体监管要求。在监管不断强化的背景下，场外衍生产品市场的总体风险敞口迅速下降，从最高峰的 5 万多亿美元下降到目前的不足 3 万亿美元，降幅超过 40%，且从近期的发展趋势来看，这种不断下降态势仍在持续。

从危机后全球金融衍生产品发展和监管改革来看，金融衍生产品市场已逐渐从危机中恢复，产品类型从复杂的结构化衍生产品向基础性衍生产品回归，市场功能从投机向风险管理回归，产品形式从非标准化向标准化回归，监管方法从自律为主向审慎监管回归。这一系列的变化基本确立了未来一段时期金融衍生产品的主要趋势。

五、全球金融监管改革为场外衍生产品市场提供新的发展机遇

2008 年 11 月的首次 G20 峰会就衍生产品监管达成共识：一些国家即将为信贷违约掉期提供中央交易对手服务。监管机构应在此基础上努力减少信贷违约掉期和衍生产品场外交易中的系统性风险；市场参与者应支持通过交易所或电子交易平台开展信贷违约掉期合同，扩大衍生产品场外交易的透明度；确保衍生产品场外交易的基础设施能支持进行更大规模的交易。伦敦峰会之后，新成立的金融稳定理事会（FSB）和包括国际清算银行（BIS）、国际货币基金组织（IMF）、国际证监会组织（IOSCO）、国际掉期与衍生工具协会（ISDA）、国际保险监督官协会（IAIS）等在内的多个国际组织合作开展了一系列调查和研究，对于现有的衍生产品业务的国际监管提出了大量的改进建议，对衍生产品监管提供了一些新的工具和手段，主要的改进措施包括：

推动中央对手方（CCP）清算机制、标准化 CDS 合约、强化 CCPs 标准、增强 CDS 市场的透明度并加大监管力度、修订对场外衍生产品交易的资本要求等。目前，场外金融衍生产品的基础建设正在逐步加强，主要体现在合约标准化和中央清算机制两个方面。

（一）合约标准化

在各国政府以及 ISDA 等组织的大力推进下，CDS 的监管程度和 CDS 合约的标准化程度逐步提高。2009 年 4 月，ISDA 发布了《信用衍生产品定义（2003）》的补充文件（"Big Bang" 草案）；6 月又发布了另一份补充文件（"Small Bang" 草案）。这两份草案的主要目标是建立信用衍生产品定义委员会，加强 CDS 等衍生产品的标准化程度以及建立相应的违约结算机制，规范市场运作。这些举措进一步将 CDS 合约和交易规范化，使监管部门对相关交易更容易进行监督。在具体的市场运作方面，北美的公司类单一名称 CDS 已经开始采用 100 个和 500 个基点两档进行报价，到期日统一规定为季月的 20 日。这些步骤都使 CDS 合约更易于对冲和结算，并且更加有利于监管。

（二）中央清算机制

中央对手方（CCP）的建立对 CDS 市场的规范运作和信息披露有着至关重要的作用。目前，美国托管信托清算公司（DTCC）已承担了大部分 CDS 合约的清算业务。2009 年 3 月 9 日，洲际交易所（ICE）也正式获得美国证券交易委员会（SEC）的批准，开始提供 CDS 清算服务。CDS 等信用衍生产品的 CCP 清算正进入高速增长阶段。同时，DTCC 于 2008 年 11 月开始，每周对 CDS 相关信息进行披露，大大提高了市场透明度。2010 年 5 月，国际支付结算体系委员会（CPSS）和国际证监会组织（IOSCO）发布了旨在加强 OTC 衍生产品市场监管的两份咨询报告，第一份报告是"实施 2004 年 CPSS—IOSCOOTC 衍生产品中央对手方（CCPs）建议的指引"，提出了建立清算 OTC 市场衍生产品的中央对手方的指引；第二份报告是"建立 OTC 衍生产品市场交易信息库的思考"，提出了建立 OTC 衍生产品市场交易信息库的一系列思考。

上述监管措施在提高场外市场透明度和标准化程度的同时，无疑将进一步强化市场结构的分化趋势，那些更易于标准化和中央清算的基础性场外金融衍生产品将得到较快增长，而一些内在结构复杂的产品则面临更大的不确定性。特别是美国金融监管改革对大型金融机构规模和业务的限制，将使复杂金融衍生产品在未来发展中面临诸多障碍，而简单的基础性金融衍生产品将迎来更大的发展空间。

第三节　我国金融衍生产品的发展和相关金融监管制度

我国衍生产品市场从 20 世纪 90 年代开始发展，但速度较为缓慢，其间经历过一些波折，目前仍处于初级阶段，产品的丰富程度、市场的深度、外部法律监管环境和税收会计准则等规则体系都还有众多亟待改进的地方。

一、利率类衍生产品的发展

我国的利率衍生产品市场发展较晚。20 世纪 90 年代初期，我国才开始利率市场化。2005 年 6 月 15 日推出第一个利率衍生产品——远期债券，而后又于 2006 年 2 月和 2007 年 9 月分别推出利率互换和远期利率协议。

从交易的品种来看，利率互换的交易品种主要分为基于一年定存、基于7天回购利率和基于Shibor三大品种。人民币远期利率协议主要参考上海银行间同业拆借利率（Shibor），其中又以3M Shibor为主要的参考利率。因为远期利率协议与利率互换功能上同质，且利率互换推出较早，所以远期利率协议的发展较慢。

债券远期自2005年5月16日推出后，交易的债券品种主要是在全国银行间债券市场进行现券交易的国债、金融债券、中央银行债券和其他经中国人民银行批准的债券。

自2005年以来，利率类衍生产品发展加快，特别是近些年，随着利率市场化的全面实现，利率类衍生产品的市场环境出现了新的变化。2015年全年各品种、各期限的利率互换名义本金交易总额达8.2万亿元，较2014年增长超过1倍，较2006年的355.7亿元增长超过200倍。

二、汇率类衍生产品的发展

伴随着我国汇率体制改革，2005年8月15日，银行间市场正式推出远期人民币外汇交易业务；2006年4月24日，银行间外汇市场推出人民币与外币掉期业务；2007年8月，人民银行推出了货币掉期交易；2007年12月10日，人民币外汇货币掉期交易正式在银行间市场上线；2011年3月1日，银行对客户市场推出人民币外汇货币掉期业务；2011年4月1日，银行对客户市场和银行间市场同步推出人民币外汇期权业务。

在市场规模方面，2015年上半年，人民币外汇市场累计成交7.35万亿美元。其中，银行对客户市场和银行间外汇市场分别成交2.04万亿美元和5.31万亿美元，包含外汇即期和各类衍生产品交易的各类品种交易量继续保持增长（见表1-7）。

表 1−7 **2015 年上半年人民币外汇市场交易概况** 单位：亿美元

交易品种	2015 年 1—6 月合计
一、即期	36306
银行对客户市场	15676
其中：买入外汇	8268
卖出外汇	7409
银行间外汇市场	20629
二、远期	2683
银行对客户市场	2511
其中：买入外汇	1598
卖出外汇	913
其中：3 个月（含）以下	1375
3 个月至 1 年（含）	861
1 年以上	275
银行间外汇市场	173
其中：3 个月（含）以下	125
3 个月至 1 年（含）	41
1 年以上	6
三、外汇和货币掉期	32702
银行对客户市场	1645
其中：近端换入外汇	1490
近端换出外汇	156
银行间外汇市场	31057
其中：3 个月（含）以下	27694
3 个月至 1 年（含）	3281
1 年以上	83
四、期权	1858
银行对客户市场	650
其中：买入期权	355

续表

交易品种	2015 年 1—6 月合计
卖出期权	295
其中：3 个月（含）以下	275
3 个月至 1 年（含）	257
1 年以上	117
银行间外汇市场	1208
其中：3 个月（含）以下	958
3 个月至 1 年（含）	248
1 年以上	1
五、合计	73549
其中：银行对客户市场	20482
银行间外汇市场	53067
其中：即期	36306
远期	2683
外汇和货币掉期	32702
期权	1858

注：外汇市场统计口径仅限于人民币对外汇交易，不含外汇之间交易，采用客户买卖外汇总额，银行间外汇市场采用单边交易量，均为发生额本金。外汇市场交易数据按美元编制，采用四舍五入原则。

资料来源：国家外汇管理局、中国外汇交易中心。

三、权益类衍生产品的发展

我国证券市场经过 20 多年的发展，取得了长足进步，作为证券市场产品的一部分，权益类衍生产品也有所发展，主要包括权证、可转债和股指期货。

（一）权证

权证是有着期权属性的一种权益类衍生产品。我国的权证交易始于 1994 年，证监会特批深交所的六只股票——"厦海发"、"闽闽东"、"湘中意"、"吉轻工"、"桂柳工"和"武凤凰"对转配部分发行认股权证继续交易。1996 年 6 月底，为了稳定证券市场，证监会取消了权证的运作，关闭整个权证市场（B 股除外）。2005 年 8 月，为了配合资本市场的股权分置改革，市场重新推出权证，但因为股市波动比较大，权证市场投机氛围较浓，政府又开始收紧权证市场。自 2008 年 6 月南航的认沽权证交易结束后，认沽权证从中国市场上消失。目前市场上没有权证在交易。

（二）可转债

1997 年 3 月 25 日，国务院证券委员会发布了《可转换公司债券管理暂行办法》。2000 年 2 月 25 日和 3 月 17 日，上海机场和鞍钢两只可转换债分别上市发行，标志着可转债市场的形成。2001 年 4 月底，中国证监会出台了《上市公司发行可转换公司债券实施办法》以及《上市公司发行可转换公司债券申请文件》、《可转换公司债券募集说明书》和《可转换公司债券上市公告书》三个配套文件，这从政策上保证了可转债合法的市场地位。自 2001 年开始，可转债的发行规模迅速扩大，中国资本市场出现了一轮"可转债热"。2006 年 5 月 8 日，中国证监会正式发布实施《上市公司可转债发行管理办法》，其中对可转换债券的规定比 2001 年出台的《上市公司发行可转换公司债券实施办法》更加合理、完善，我国可转债市场的发展又进入了一个新阶段。可转债近些年来发展相对较快，2002 年只有 5 只可转债，总规模不足 42 亿元，截至 2013 年末，可交易的可转债总计达 29 只，余额超过 1600 亿元。2014 年以后，由于股票市场迎来"牛市"行情，大量可转债或转股，或被发行人强制赎回，可供交易的可转债规模迅速下降，2015 年全年共发行 29 只可转债，发行规模近 400 亿元，但截至 2015 年末，尚存可交易的可转债仅 7 只，余额仅 128.7 亿元。

（三）股指期货

股指期货是成熟的资本市场和衍生产品市场中一个重要品种。早在 1993 年 3 月，海南证券交易中心就推出了深圳股票指数期货，但由于法规和监管不健全，以及投资者不成熟，这一试验不久便夭折。2004 年，《国务院关于推进资本市场改革开放和稳定发展的若干意见》提出，研究开发与股票和债券相关的新品种及其衍生产品。2006 年 9 月 8 日，中国金融期货交易所正式挂牌。2010 年 4 月 16 日，中国金融期货交易所首批 4 个沪深 300 股指期货合约正式上市交易。此后我国金融期货迎来了一段稳定的发展期，一直持续到 2015 年年中。

2015 年 6 月，我国股市出现较大幅度的下跌，市场力量不仅在股票市场，同时也在股指期货市场中博弈。作为挂钩股票指数的衍生工具，股指期货有两大特性不容忽视：一是杠杆作用，这给专业投资机构利用有限资金撬动市场、影响价格提供了机会；二是先行指标，股指期货对市场的反应更加敏感，往往被认为是股票市场的先行指标，长期以来一直是许多投资者判断股票现货市场走势的重要依据，其走势变化对市场情绪和投资者心理有影响。尽管股指期货的走势理论上并不能导致现货市场走势的变化，但我国股市中大量散户投资者还不具备专业投资素养，风险承受能力也较低，在股指期货走势剧烈变化的时候易作出非理性决策，会加剧市场的波动。

股指期货本身是一个非常重要的金融衍生工具，股指期货市场的良性有序发展对股票市场有积极意义。但股指期货市场能否良性有序，取决于市场环境、投资者投资水平、交易规则、监管制度等多方面因素。2015 年年中股市异常现象暴露了我国当前权益类市场尚不完善、相关机制尚不健全、投资者尚不成熟的问题。因此，证监会对股指期货等衍生交易作出更加严厉的监管要求，中金所连续更新股指期货交易规则，规定单日开仓交易量超过 10 手属异常交易；大幅提高了各合约品种保证金比例；提高了平仓手续费。应该说，对于股指期货的实际作用、如何监管等问题，业内也有一定的分歧。我国股指期货市场的发展，还有很长一段路要走。

四、信用类衍生产品的发展

我国信用类衍生产品发展最晚，发展步伐也最为缓慢。2010 年 10 月 29 日，中国银行间市场交易商协会发布了《银行间市场信用风险缓释工具试点业务指引》，标志着我国信用风险缓释工具试点业务正式在银行间债券市场推出，中国版的信用违约互换（CDS）正式出炉。风险缓释工具包括两类产品：信用风险缓释合约（Credit Risk Mitigation Agreement，CRMA）和信用风险缓释凭证（Credit Risk Mitigation Warrant，CRMW）。

截至 2011 年 11 月，备案成为 CRM 交易商的机构共有 41 家，备案成为 CRM 核心交易商的机构共有 25 家，备案成为 CRMW 创设机构的共有 28 家。共有 11 家机构累计达成 23 笔 CRMA，名义本金 19.9 亿元；共有 6 家 CRMW 创设机构累计创设 9 只 CRMW，名义本金合计 7.4 亿元；在二级市场上累计达成 CRMW 交易 6 笔，名义本金合计 2.4 亿元。从中可以看出，次贷危机中暴露高风险的信用类衍生产品，在我国微乎其微，处于有待完善和发展的状况。

五、商品类衍生产品的发展

商品类衍生产品出现的时间最早，在国外已经发展得相当成熟，但我国真正开展商品类衍生产品交易的时间较晚。1990 年 10 月 12 日，经国务院批准，郑州粮食批发市场开业。该批发市场以现货交易起步，逐渐引入期货交易机制，迈出了中国期货市场发展的第一步。1992 年 1 月 18 日我国第一家冠以"交易所"名字的期货交易所——深圳有色金属交易所宣告开业。1992年5月，上海金属交易所开业并推出标准铜的期货合约。1993年5月，郑州商品交易所在原郑州粮食批发市场的基础上建立，并推出5个农产品的标准合约。1993年国务院下发《关于坚决制止期货市场盲目发展的通知》（国发〔1993〕77号），针对当时期货市场的乱象进行了规范。1999年9月1日，国务院颁布了《期货管理暂行条例》，证监会同日发布实施了配套的四个管理办法，即《期货交易所管理办法》、《期货经纪公司管理办法》、《期货业从业人员资格管理办法》和《期货经纪公司高级管理人员任职资格管理办法》。《期货管理暂行条例》和四个管理办法形成了一个比较完整的法规体系。

经过20多年的发展，我国商品类衍生产品的发展很快，可供交易的品种也较为丰富。经证监会批准，可以上市交易的期货商品有以下种类：（1）上海期货交易所：铜、铝、锌、天然橡胶、燃油、黄金、螺纹钢、线材、铅；（2）大连商品交易所：大豆（黄大豆1号、黄大豆2号）、豆粕、豆油、塑料、棕榈油、玉米、PVC、焦炭期货；（3）郑州商品交易所：硬麦、强麦、棉花、白糖、PTA、菜籽油、籼稻、甲醇等。我国商品类衍生产品的交易，特别是商品期货，从量上已经跃居世界前列，而且在部分品种，如锌、铜、铝、白糖、大豆、豆粕、强麦、玉米、棕榈油和菜籽油等期货上，已经具有定价权或者重要影响力。根据中国期货业协会统计资料显示，2015年1—12月全国商品期货市场（三大商品交易所市场）累计成交量为32.37亿手，累计成交额为136.47万亿元，同比增长41.46%和6.64%。

第二章　金融衍生产品发展路径研究

第一节　各类金融衍生产品发展路径研究

我们从产品维度考察各类衍生产品发展的路径，"穿刺"同类产品在不同国家的发展历史。虽然因系统复杂性还难以（甚至是不可能）得出普遍适用的金融衍生产品发展规律，但也能从中发现一些比较类似的现象，为我国借鉴国际经验，选择金融衍生产品发展路径提供一些方向性的参考信息。

一、商品类衍生产品

（一）定义

商品类衍生产品是指基础资产为大宗商品的金融衍生产品。

（二）商品类衍生产品的最新情况

根据国际清算银行（BIS）的数据，2014 年全球 OTC 市场商品类衍生产品未到期合约金额为 1.9 万亿美元，总市场价值为 3175 亿美元。金融危机前增长迅速，从 2008 年起大幅减少，并呈持续下降态势，较十年前分别下降 65.6% 和 53.5%，从 2005 年到 2014 年，复合年下降率为 11.3% 和 10.6%。从基础资产类型来看，商品类金融衍生产品包括黄金、其他金属和其他商品三种类型。其他金属主要指除黄金外的贵金属，如白银、铜；其他商品指除金属外的大宗商品，如石油、大豆、棉花等。

表 2 — 1　　2005—2014 年全球 OTC 市场商品类金融衍生产品未到期合约金额情况

单位：亿美元

	2005 年	2006 年	2007 年	2008 年	2009 年	2010 年	2011 年	2012 年	2013 年	2014 年
所有商品	54345	71150	84555	44271	29440	29220	30910	25871	22041	18684
黄金	3344	6399	5948	3949	4232	3966	5212	4858	3412	2999
远期和互换类	1281	1391	1998	1518	2007	2298	3065	2953	2024	1611
期权类	2063	5008	3950	2431	2225	1667	2148	1905	1389	1389
其他金属	285	325	507	617	759	904	651	632	313	514
远期和互换类	285	325	507	617	759	904	651	632	313	514
期权类	336	435	519	494	312	324	665	935	314	372
其他商品	50380	63991	77582	39211	24137	24026	24381	19446	18002	14798
远期和互换类	18806	27800	50343	24096	15990	16908	16802	12996	12282	10020
期权类	31574	36191	27239	15115	8148	7118	7578	6450	5720	4779

资料来源：国际清算银行（BIS）。

表 2 — 2　　2005—2014 年全球 OTC 市场商品类金融衍生产品总市场价值情况

单位：亿美元

	2005 年	2006 年	2007 年	2008 年	2009 年	2010 年	2011 年	2012 年	2013 年	2014 年
所有商品	8707	6675	18984	9552	5451	5262	4665	3467	2638	3175
黄金	510	562	696	647	481	473	631	424	473	323
其他金属	56	84	106	179	150	176	145	98	68	85
其他商品	8141	6029	18182	8726	4821	4613	3889	2945	2097	2766

资料来源：国际清算银行（BIS）。

2005 年到 2014 年的十年中，非金属类的大宗商品占据主要市场份额，增长速度在 2007 年和 2008 年间达到顶峰，金融危机后交易规模有所萎缩（见图 2-1）。2014 年末的未到期合约金额，其他商品占比最多，约为 79.2%，黄金和其他金属占比分别约为 16.1% 和 2.8%；2014 年末的总市场价值，其他商品占比约为 87.1%，黄金和其他金属占比分别约为 10.2% 和 2.7%。

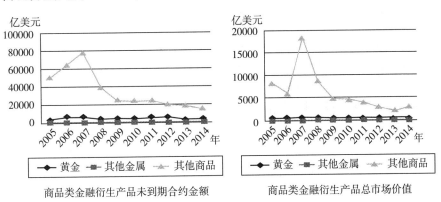

商品类金融衍生产品未到期合约金额　　商品类金融衍生产品总市场价值

资料来源：国际清算银行（BIS）。

图 2-1　2005—2014 年全球 OTC 市场商品类金融衍生产品发展情况

（三）商品类衍生产品的产生

大约公元前 4000 年，在古美索不达米亚就有了谷物远期的合约，我国历史上也曾有由粮栈、粮市构成的商品信贷及远期合约制度，这都是商品类衍生产品的雏形。近代较为典型的商品类衍生产品交易是日本的大米期货交易。由于日本当时的米价对经济及军事活动造成很重大影响，米商会根据食米的生产以及市场对食米的期待而决定库存食米的买卖。

1848 年美国芝加哥的 82 位商人为了降低粮食交易风险，发起组建了芝加哥期货交易所（CBOT），CBOT 的成立，标志着期货交易的正式开始，也标志着商品类衍生产品的交易进入了一个新的时代。

1865 年，CBOT 推出了标准化合约并实行了保证金制度；1882 年，CBOT 开始允许以对冲方式免除履约责任；1876 年成立的伦敦金属交易所（LME），开金属期货交易之先河；1885 年，法国期货市场产生；1925 年，芝加哥期货交易所结算公司（BOTCC）成立，同时规定芝加哥期货交易所的所有交易都要进入清算公司清算。至此，真正现代意义上的期货交易开始形成。

纵观历史，商品类衍生产品的最初推出主要是基于生产者在生产经营中对原材料和产成品的价格剧烈波动的避险需求。因此商品类衍生产品的产生也最早，其产生的思想也最朴素和最直接。

二、汇率类衍生产品

（一）定义

汇率类衍生产品是一种金融合约，通常是从外汇资产派生出来的外汇交易工具，其价值取决于一种或多种基础资产或指数，合约的基本种类包括远期、期货、掉期（互换）和期权。汇率类衍生产品还包括具有远期、期货、掉期（互换）和期权中一种或多种特征的结构化金融工具。

（二）汇率类衍生产品的最新情况

根据国际清算银行的数据，2014 年全球 OTC 市场汇率类金融衍生产品未到期合约金额为 75.9 万亿美元，总市场价值为 2.9 万亿美元，从 2005 年到 2014 年这十年中，分别增长 142.0% 和 195.3%，复合增长率分别为 9.2% 和 11.4%。从产品类别来看，远期外汇和外汇互换占据主要市场份额，且发展迅速，增长速度在 2007 年和 2008 年最快，金融危机后规模一度收缩，近年又重拾升势（见图 2-2）。2014 年末的未到期合约金额，远期外汇占比约为 48.9%，外汇互换占比约为 31.9%，外汇期权占比约为 19.2%；2014 年末的总市场价值，外汇互换占比约为 45.9%，远期外汇占比约为 40.9%，外汇期权占比约为 13.2%。

表 2-3　　　　2005—2014 年全球 OTC 市场汇率类金融
衍生产品总体情况　　　　　单位：亿美元

	未到期合约金额				总市场价值			
	远期外汇	外汇互换	外汇期权	合计	远期外汇	外汇互换	外汇期权	合计
2005 年 12 月	158729	85039	69836	313604	4060	4528	1381	9969
2006 年 12 月	198824	107916	95969	402709	4686	6010	1962	12657
2007 年 12 月	291437	143467	127479	562382	6745	8172	3152	18069
2008 年 12 月	244936	149408	106079	500423	18302	16331	6207	40839
2009 年 12 月	231292	165090	95428	491810	6832	10426	3439	20697
2010 年 12 月	284333	192711	100915	577959	8856	12348	3621	24825
2011 年 12 月	305257	227910	100647	633814	9227	13245	3452	25923
2012 年 12 月	317180	254200	102204	673584	8056	12586	2488	23130
2013 年 12 月	332185	254479	118862	705526	8244	11863	2734	22841
2014 年 12 月	370755	242035	145998	758788	12047	13505	3886	29437

资料来源：国际清算银行（BIS）。

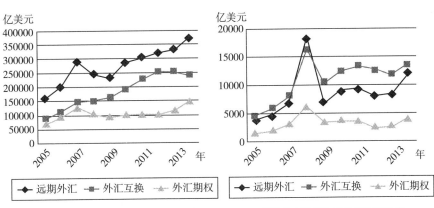

外汇类金融衍生产品未到期合约金额　　　　外汇类金融衍生产品总市场价值

资料来源：国际清算银行（BIS）。

图 2-2　2005—2014 年全球 OTC 市场汇率类金融衍生产品发展趋势

从市场参与者分布来看，交易商和其他金融机构所占市场份额最大。2014 年全球 OTC 衍生产品市场的参与者中，以未到期合约金额计算（见表 2-4），交易商、其他金融机构和非金融机构客户占比分别为 42.1%、45.2% 和 12.7%；以总市场价值计算（见表 2-5），交易商、其他金融机构和非金融机构客户占比分别为 44.7%、39.5% 和 15.8%。

按交易货币划分，美元作为最主要的国际流通货币，始终占据首位。2014 年全球 OTC 衍生产品市场中，以未到期合约金额计算（见表 2-6），排名前三的货币分别为美元、欧元和日元，占比分别为 44.38%、16.8% 和 9.4%；以总市场价值计算（见表 2-7），排名前三的货币分别为美元、欧元、日元，占比分别为 45.1%、16.5% 和 13.3%。

从合约到期期限来看，2005 年至 2014 年，整个市场中期限小于 1 年的合约占主体地位。以未到期合约金额计算，2014 年末全球 OTC 衍生产品市场所有合约中，期限小于 1 年的为 56.8 万亿美元，期限在 1 年到 5 年之间的为 13.7 万亿美元，期限大于 5 年的为 5.4 万亿美元（见表 2-8）；以交易商为交易对手的合约中，期限小于 1 年的为 22.6 万亿美元，期限在 1 年到 5 年之间的为 6.4 万亿美元，期限大于 5 年的为 2.9 万亿美元。

表 2-4　2005—2014 年全球 OTC 市场汇率类金融衍生产品未到期合约金额情况（按交易对手分类）

单位：亿美元

	2005 年	2006 年	2007 年	2008 年	2009 年	2010 年	2011 年	2012 年	2013 年	2014 年
合计	313604	402709	562382	500423	491810	577959	633491	673584	705526	758788
其中：交易商	121650	155324	213336	196649	188961	219556	279531	288345	312062	319331
其他金融机构	127210	160228	243566	213002	214450	256363	259160	288311	305525	343336
非金融机构	64744	87157	105481	90771	88399	102041	94801	96928	87940	96121
远期外汇合约	158729	198824	291437	244936	231292	284333	305257	317180	332185	370755
其中：交易商	57131	69137	98986	84718	76830	92624	113195	110834	116466	123263
其他金融机构	65637	82061	131021	109059	104970	130183	133859	148602	165056	193144
非金融机构	35961	47625	61430	51159	49492	61526	58203	57745	50664	54348
外汇互换	85039	107916	143467	149408	165090	192711	227910	254200	254479	242035
其中：交易商	32678	41208	54873	60093	71118	83202	118185	128951	137198	12826
其他金融机构	36693	45935	66252	68576	72819	88016	86133	98091	90250	85807
非金融机构	15668	20773	22343	20739	21152	21493	23592	27158	27031	28003
外汇期权	69836	95969	127479	106079	95428	100915	100324	102204	118862	145998
其中：交易商	31842	44979	59477	51839	41013	43729	48151	48560	58395	67843
其他金融机构	24880	32232	46294	35367	36661	38164	39168	41618	50220	64385
非金融机构	13114	18758	21708	18873	17754	19022	13005	12026	10245	13770

资料来源：国际清算银行（BIS）。

表 2 - 5　2005—2014 年全球 OTC 市场汇率类金融衍生产品总市场价值情况（按交易对手分类）单位：亿美元

	2005 年	2006 年	2007 年	2008 年	2009 年	2010 年	2011 年	2012 年	2013 年	2014 年
合计	9969	12657	18069	40839	20697	24825	25923	23130	22841	29437
其中：交易商	3233	4382	5938	15198	7324	8986	10466	9465	10113	13154
其他金融机构	4124	5209	8061	17681	8884	10499	9908	9105	8871	11626
非金融机构	2612	3067	4070	7960	4489	5339	5549	4560	3858	4658
远期外汇合约	4060	4686	6745	18302	6832	8856	9227	8056	8244	12047
其中：交易商	1544	1728	2280	6621	2350	3262	3540	2946	3251	4788
其他金融机构	1549	1863	2925	7799	3002	3652	3846	3511	3592	5306
非金融机构	967	1095	1541	3882	1480	1942	1840	1598	1401	1952
外汇互换	4528	6010	8172	16331	10426	12348	13245	12586	11863	13505
其中：交易商	1084	1635	2149	5680	3316	3899	5229	5292	5431	6382
其他金融机构	2109	2766	4061	7835	4777	5863	5202	4884	4322	4857
非金融机构	1335	1609	1962	2816	2334	2585	2813	2410	2110	2266
外汇期权	1381	1962	3152	6207	3439	3621	3452	2488	2734	3886
其中：交易商	605	1019	1510	2898	1658	1825	1697	1227	1430	1983
其他金融机构	466	580	1075	2047	1105	984	860	710	957	1463
非金融机构	311	363	567	1262	675	813	895	552	347	440

资料来源：国际清算银行（BIS）。

表 2 - 6　2005—2014 年全球 OTC 市场汇率类金融衍生产品未到期合约金额情况（按货币分类）　单位：亿美元

	2005 年	2006 年	2007 年	2008 年	2009 年	2010 年	2011 年	2012 年	2013 年	2014 年
所有货币*	313604	402709	562382	500423	491810	577959	633491	673584	705526	758788
加拿大元	13790	17680	24040	16970	18581	24214	28623	30985	32626	31428
欧元	128567	160366	218057	211458	203636	219132	232351	237970	251771	255150
日元	75747	94903	128568	123275	112383	125739	136613	141114	141225	142441
英镑	44235	61354	79788	56062	59293	65841	70235	78250	87891	84205
瑞典克朗	10674	12197	15251	12620	13086	15888	14880	14534	14066	11175
瑞士法郎	16895	23111	36625	32516	31059	42133	40812	38321	40704	41785
美元	262946	337554	469467	424514	409209	487410	540611	576001	610194	672348
其他货币	74353	98253	152969	123430	136374	175560	202858	229993	232575	279045

资料来源：国际清算银行（BIS）。

表 2 - 7　2005—2014 年全球 OTC 市场汇率类金融衍生产品总市场价值情况（按货币分类）　单位：亿美元

	2005 年	2006 年	2007 年	2008 年	2009 年	2010 年	2011 年	2012 年	2013 年	2014 年
所有货币*	9969	12657	18069	40839	20697	24825	25923	23130	22841	29437
加拿大元	698	683	1340	1300	782	1007	971	800	740	1028
欧元	3972	5091	7896	16305	8636	8869	10199	7642	7071	9722
日元	2555	3253	3710	9601	5390	6877	6174	8272	7215	7850
英镑	1211	1972	2597	7529	2816	2543	2369	2078	2559	2405
瑞典克朗	235	325	288	914	388	495	389	413	281	407
瑞士法郎	463	488	908	2058	980	2944	2247	1547	1332	1388
美元	8665	10685	14706	32524	16622	19560	21192	18698	19173	26534
其他货币	2140	2817	4696	11447	5781	7354	8304	6809	7313	9542

注：外汇交易涉及双方，按货币分类计算时存在重复统计，所有货币应为各币种金额合计后除以 2。

资料来源：国际清算银行（BIS）。

表2-8　　2005—2014年全球OTC市场汇率类金融衍生产品未到期合约金额　　　单位：亿美元

所有交易对手	所有合约 到期期限				远期和互换类合约 到期期限				期权类合约 到期期限			
	小于1年	1年到5年	大于5年	合计	小于1年	1年到5年	大于5年	合计	小于1年	1年到5年	大于5年	合计
2005年12月	239074	51641	22889	313604	181572	40496	21700	243768	57502	11145	1189	69836
2006年12月	302696	67020	32993	402709	226964	48991	30785	306740	75733	18030	2207	95969
2007年12月	403161	85526	73696	562382	11146	3342	1879	434904	91440	23766	12273	127479
2008年12月	327111	95573	77739	500423	259293	67925	67126	394344	67818	27648	10613	106079
2009年12月	306140	97123	88547	491810	247671	75551	73160	396382	58469	21572	15387	95428
2010年12月	379869	101350	96740	577959	316189	81388	79466	477043	63680	19962	17274	100915
2011年12月	453489	127687	52639	633814	380893	105317	46958	533167	72596	22370	5681	100647
2012年12月	481354	137278	54953	673584	406971	114849	49560	571381	74383	22429	5393	102204
2013年12月	511979	136584	56963	705526	416872	117746	52045	586664	95106	18838	4918	118862
2014年12月	568311	136640	53837	758788	445890	116986	49914	612790	122422	19654	3922	145998

续表

交易对手为交易商	所有合约				远期和互换类合约				期权类合约			
	到期期限			合计	到期期限			合计	到期期限			合计
	小于1年	1年到5年	大于5年		小于1年	1年到5年	大于5年		小于1年	1年到5年	大于5年	
2005年12月	93958	19331	8362	121650	66988	14907	7913	89808	26970	4424	449	31843
2006年12月	116317	26966	12041	155324	80610	18735	11000	110345	35707	8231	1041	44979
2007年12月	51528	13275	3025	213336	5994	1618	739	153859	45534	11657	2286	59477
2008年12月	134522	42202	19925	196649	99730	28441	16640	144811	34792	13761	3286	51839
2009年12月	123160	43524	22277	188961	96347	32569	19033	147949	26814	10955	3244	41013
2010年12月	146640	48158	24757	219556	117885	36836	21105	175826	28755	11322	3652	43729
2011年12月	186071	65159	28302	279531	153949	52616	24816	231380	32122	12543	3486	48151
2012年12月	187915	70821	29608	288345	156165	57352	26268	239785	31750	13469	3340	48560
2013年12月	207150	71891	33021	312062	162151	61572	29942	253664	44999	10320	3080	58398
2014年12月	226134	64058	29139	319331	170776	54153	26559	251488	55358	9905	2580	67843

资料来源：国际清算银行（BIS）。

（三）主要国家汇率类衍生产品的诞生

1. 美国

美国历史上曾采用过金银复本位制和金本位制等。1792 年，美元采用了金银复本位制，依据铸币法案，1 美元折合 371.25 格令（24.057 克）纯银或 24.75 格令（1.6038 克）纯金。美国第一任财政部长亚历山大·汉密尔顿上任后，美国货币采用了"金本位制"。到 1914 年第一次世界大战爆发，由于各国停止了黄金的进出口，金本位体系即告解体。在金本位制度后期，美元含金量为 1.50466 克。1934 年 1 月 31 日，1 美元含金量被规定为 13.714 格令（合 0.888671 克）。黄金官价由每盎司 20.67 美元提高到 35 美元。到 1934 年美元贬值，美国政府将 1922 年以前版的各种券类钞票逐渐收回。贬值后的美元不能兑现，仅外国中央银行可按官价向美国兑换黄金。1944 年 7 月，西方主要国家的代表在联合国国际货币金融会议上确立了布雷顿森林体系，该体系是以美元和黄金为基础的金汇兑本位制。其实质是建立一种以美元为中心的国际货币体系，基本内容包括美元与黄金挂钩、其他国家的货币与美元挂钩以及实行固定汇率制度。1946 年 12 月 18 日，国际货币基金组织正式公布美元含金量为 0.88867 克。以后，由于美国国际收支持续逆差，导致通货膨胀严重，美元危机加深。随着美元危机和美国经济危机的频繁爆发，1973 年，布雷顿森林体系瓦解，美元不再与黄金挂钩，各国货币也脱离和美元的挂钩，国际外汇市场剧烈波动，固定汇率下的风险剧烈释放。

根据世界银行统计（见图 2-3 和图 2-4），西方主要国家的汇率在 1970 年前后较美元都有了巨大的变化，随着全球贸易一体化，国际外汇市场面临着空前的危机。为规避外汇市场汇率的巨大波幅，1972 年 5 月，芝加哥商业交易所（Chicago Mercantile Exchange，CME）成立国际货币市场分部（IMM），推出了七种外汇期货合约，从此，外汇

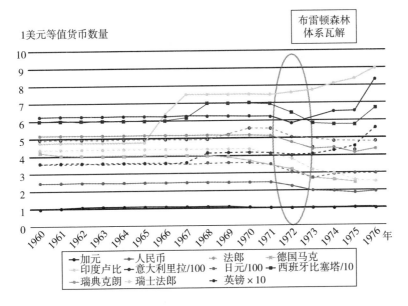

资料来源：世界银行（World Bank）。

图 2 - 3　主要国家汇率变化（1960—1976 年）

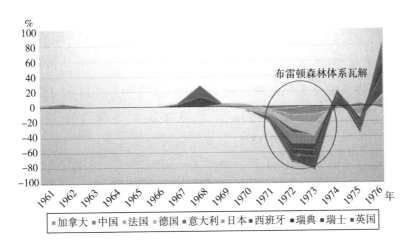

资料来源：世界银行（World Bank）。

图 2 - 4　主要国家汇率变化率（1961—1976 年）

衍生产品的交易进入了一个新的阶段。随后，1978 年纽约商品交易所也增加了外汇期货业务，1979 年纽约证券交易所亦宣布设立一个新的交易所专门从事外币和金融期货。

从历史轨迹可以看出，布雷顿森林体系的瓦解导致的汇率巨幅波动是美国产生汇率类衍生产品的直接原因。

2. 英国

英国于 1821 年正式采用金本位制，英镑成为英国的标准货币单位，1 英镑含 7.32238 克纯金，到 20 世纪初叶，英镑一直是资本主义世界最重要的国际支付手段和储备货币。

1914 年第一次世界大战爆发，英国废除金本位制，金币停止流通，英国停止兑换黄金。第一次世界大战后，英镑的国际储备货币地位趋于衰落，逐渐被美元取代；1925 年 5 月 13 日，英国执行金块本位制，以后又因世界经济大危机而于 1931 年 9 月 21 日被迫放弃，英镑演化成不能兑现的纸币；第二次世界大战爆发时期，英国实行严格的外汇管制，将英镑汇率固定在 1 英镑兑换 4.03 美元的水平上；1946 年 12 月 18 日仍规定英镑含金量为 3.58134 克。1947 年 7 月 15 日，英国宣布英镑实行自由兑换，由于外汇储备迅速流失，于同年 8 月又恢复外汇管制；1949 年 9 月，英国宣布英镑贬值 30.5%，将英镑兑美元汇率贬到 2.80 美元，1967 年 11 月 18 日，英镑再次贬值，兑美元汇率降至 2.40 美元，英镑含金量也降为 2.13281 克；1971 年 8 月 15 日美元实行浮动汇率后，英镑开始以不变的含金量为基础确定对美元的比价，同年 12 月 18 日美元正式贬值后，英镑兑换美元的新的官方汇率升值为 1 英镑兑换 2.6057 美元。实际汇率可在 1 英镑兑换 2.5471 美元至 2.6643 美元的限度内浮动，波幅为 4.5% 左右；1973 年 3 月 19 日，西欧八国组成联合浮动集团，英国未参加，继续单独浮动；翌年 1 月，英镑实际汇率制成为有管理的浮动汇率机制。1979 年 10 月 24 日，英国政府宣布自即日起完全解除外汇管制。其走势见图 2 - 5。

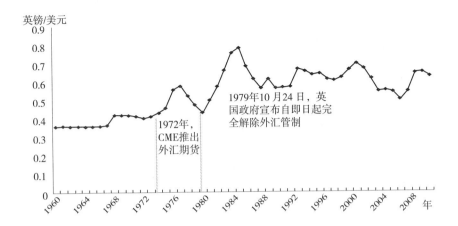

资料来源：世界银行（World Bank）。

图2－5　英镑兑美元官方汇率（1960—2011年）

美元实行浮动汇率之后，美国的外汇衍生产品发展日新月异，但英国的外汇衍生产品并没有随着布雷顿森林体系的坍塌像美国一样迅速发展起来。直到1979年英国解除外汇管制后，英国的外汇衍生产品才真正开始发展。当时，英国政府曾规定，如果一家公司推出一种新的OTC产品，只要公司能够满足相应金融监管当局规定要求，其产品头寸将不受任何限制。英国政府的态度使得英国OTC市场繁荣发展，市场参与者不断推出适合自己需求的产品来降低费用，规避风险，这一时期英国外汇市场飞速发展。

3. 日本

日本历史上曾采用银本位制和金本位制。1931年英国取消金本位之后，日本也在同年12月31日由大藏省宣布停止黄金输出，禁止金币与钞票之间的兑换。第二次世界大战结束后，日本原则上禁止外汇交易。随着日本经济的发展，进出口贸易快速发展，外汇交易随之扩大，但由于法律禁止，日本始终不能像欧美那样进行资本交易下的外汇交易。1980年，日本修正了《外国汇率及外国贸易管理法》，外汇管制彻底取消，居民外汇存款和借款自由，证券发行、投资及资本交易基本自由。东京外汇市场伴随着外汇管理体制的演变迅速发展，从一个区域性外汇交易中心发展为当今世界最大的外汇交易中心之一。

日元对美元的走势见图2-6。从图中可以看到，日本在美国实行浮动汇率之后，汇率波动很大，但外汇衍生产品并未随即发展起来，直到外汇管制彻底解除之后，其外汇衍生产品才发展起来，可见，汇率的自由化和较大波动都是外汇衍生产品发展的基础条件。

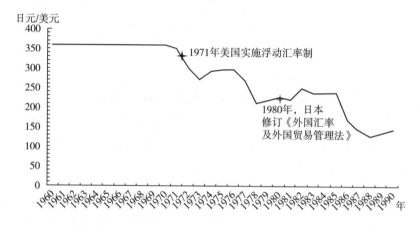

资料来源：世界银行（World Bank）。

图2-6 日元兑美元汇率走势（1960—1990年）

（四）对其他方面的考察

我们通过考察外汇衍生交易量占据全球前三位的三大市场发现，汇率类衍生产品的发展壮大必须满足两大条件：第一，外汇交易没有管制，可以自由买卖；第二，汇率波动较为剧烈。是否还有其他因素会影响外汇衍生产品的推出呢？我们还考察了各国的实际利率、贷款利率和出口数据等变量。美国、英国和日本的实际利率在1960—1989年的30年中经历过几次较大的波动，都出现过较为严重的负利率（见图2-7），在20世纪80年代之后都保持在相对高位，但与汇率类衍生产品的推出并没有明显的关联特征。

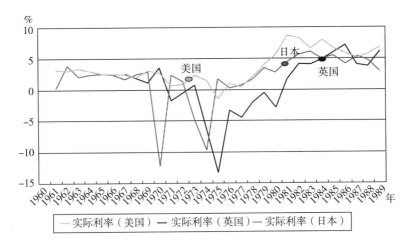

资料来源：世界银行（World Bank）。

图 2 - 7　美国、英国和日本实际利率（1960—1989 年）

在 1960 年到 1989 年的 30 年间，美国、英国和日本的贷款利率波幅都比较大，从图 2 - 8 可以看到三个国家的外汇衍生产品推出的时候，贷款利率都处在一个趋势反转的阶段，说明当时借贷市场供需力量发生了较大的变化，这势必影响一系列宏观经济数据，除此之外无法看出贷款利率与衍生产品的推出有何明显的关系。

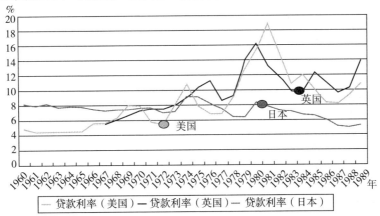

资料来源：世界银行（World Bank）。

图 2 - 8　美国、英国和日本贷款利率（1960—1989 年）

国际贸易与外汇有着最直接的关系，国际贸易的发展是否与外汇衍生产品的推出有着直接的关系，我们考察了进出口总额占本国GDP的比例和净出口差额占GDP的比例两个指标，见图2－9和图2－10。美国、英国和日本的进出口占GDP的比例存在较大的差异，总体而言，英国的进出口占比都较高，达到了20%以上，美国较低，只有不超过10%，但1980年后有开始翘头的迹象，日本相对而言较为稳定，保持在10%左右，进出口占GDP的比例与衍生产品的推出没有明显关系。最后，我们考察净出口占GDP的比例，发现美国、英国和日本的进出口总体比较平衡，三个国家推出汇率类衍生产品时进出口差额基本保持平衡，未见明显失衡，两者也不存在显性关系。

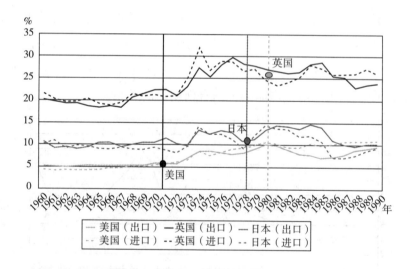

资料来源：世界银行（World Bank）。

图2－9　美国、英国和日本进出口占本国GDP的比例（1960—1990年）

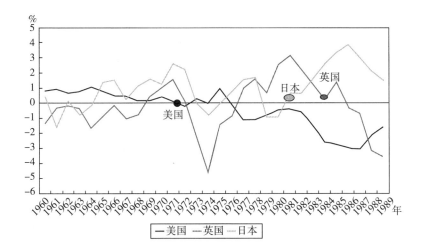

资料来源：世界银行（World Bank）。

图 2 – 10　美国、英国和日本净出口额占 GDP 的比例（1960—1989 年）

三、权益类衍生产品

（一）定义

权益类衍生产品指的是价格由股票或股票指数等权益基础资产决定的金融工具，主要包括股指期货、股票期权、股票互换和波动率互换等几大类，其中股指期货最具有代表性和典型性，下文也主要以股指期货的探讨为重点。

（二）权益类衍生产品的最新情况

根据国际清算银行的数据，2014 年全球 OTC 市场股权类金融衍生产品未到期合约金额为 7.9 万亿美元，总市场价值为 6120 亿美元，2005 年到 2014 年的十年内，分别增长了 37.1% 和 5.2%，年复合增长率分别为 3.2% 和 0.5%。按产品类别划分，期权占据主要市场份额，增长速度在 2006 年和 2007 年间达到最快，金融危机后下降了一段时间，近年有所回升（见图 2 – 11）。2014 年末的未到期合约，期权占比约为 68.6%，远期和互换占比约为 31.4%。2014 年末的总市场价值，

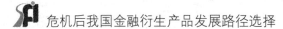

期权占比约为71.0%，远期和互换占比约为29.0%。

表 2 – 9　　　　　　2005—2014 年全球 OTC 市场股权类金融
衍生产品总体情况　　　　单位：亿美元

	未到期合约金额			总市场价值		
	远期和互换	期权	合计	远期和互换	期权	合计
2005 年 12 月	11765	46167	57932	1118	4701	5819
2006 年 12 月	17675	57205	74880	1664	6864	8528
2007 年 12 月	22330	62363	84693	2387	9032	11419
2008 年 12 月	16268	48443	64711	3352	7765	11118
2009 年 12 月	16520	42855	59375	1765	5317	7081
2010 年 12 月	18283	38067	56349	1673	4805	6477
2011 年 12 月	17384	42440	59823	1555	5177	6732
2012 年 12 月	20445	42069	62514	1566	4431	5998
2013 年 12 月	22765	42839	65604	2024	4976	7000
2014 年 12 月	24953	54451	79404	1773	4348	6120

资料来源：国际清算银行（BIS）。

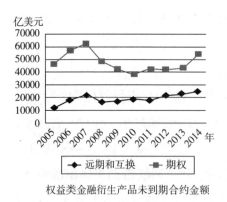

权益类金融衍生产品未到期合约金额　　　权益类金融衍生产品总市场价值

资料来源：国际清算银行（BIS）。

图 2 – 11　2005—2014 年全球 OTC 市场股权类金融衍生产品发展趋势

　　从市场参与者分布看，2014 年全球 OTC 衍生产品市场的参与者中，以未到期合约金额计算，交易商、其他金融机构和非金融机构客户分别占比为 29.8%、61.6% 和 8.8%（见表 2 - 10）；以总市场价值计算，交易商、其他金融机构和非金融机构客户占比分别为 32.7%、47.0% 和 20.3%（见表 2 - 11）。

　　按交易权益类衍生产品的所属地划分，2005 年至 2014 年，欧洲地区的股权类交易最为活跃，但近年来北美市场有追赶上来的势头。2014 年全球 OTC 市场股权类衍生产品市场中，以未到期合约金额计算，排名前三的地区分别为欧洲、北美和日本，占比分别为 42.8%、36.6% 和 6.4%（见表 2 - 12）；以总市场价值计算，排名前三的地区分别为北美、欧洲、日本，占比分别为 47.16%、29.22% 和 7.9%（见表 2 - 13）。

　　从合约到期期限来看，2005 年至 2014 年期间，期限小于 1 年的合约是市场主流产品。2014 年全球 OTC 衍生产品市场中，以未到期合约金额计算，市场中所有合约中，期限小于 1 年的为 5.4 万亿美元，期限在 1 年到 5 年之间的为 2.0 万亿美元，期限大于 5 年的为 0.4 万亿美元（见表 2 - 14）；交易对手为交易商的合约，期限小于 1 年的为 1.5 万亿美元，期限在 1 年到 5 年之间的为 0.7 万亿美元，期限大于 5 年的为 0.14 万亿美元。

表 2－10　　　2005—2014 年全球 OTC 市场股权类金融衍生产品未到期合约金额情况
（按交易对手分类）

单位：亿美元

	2005 年	2006 年	2007 年	2008 年	2009 年	2010 年	2011 年	2012 年	2013 年	2014 年
合计	57932	74880	84693	64711	59375	56349	59823	62514	65604	79404
其中：交易商	19404	25368	30105	22448	21010	20202	22573	21491	20973	23640
其他金融机构	33323	42947	45979	34451	31441	28814	29923	33471	38741	48806
非金融机构	5205	6565	8609	7811	6924	7333	7327	7552	5891	6958
远期和互换	11765	17675	22330	16268	16520	18283	17384	20445	22765	24953
其中：交易商	2493	4409	6373	3892	4128	5236	5002	5966	6340	6537
其他金融机构	7401	10489	12621	9651	9527	9952	9703	11213	14630	16158
非金融机构	1871	2777	3336	2725	2865	3094	2679	3266	1796	2257
期权	46167	57205	62363	48443	42855	38067	42440	42069	42839	54451
其中：交易商	16911	20959	23732	18556	16882	14966	17571	15525	14633	17103
其他金融机构	25922	32458	33358	24800	21914	18862	20220	22258	24111	32648
非金融机构	3334	3788	5273	5086	4059	4239	4648	4286	4095	4701

资料来源：国际清算银行（BIS）。

表 2 - 11　　2005—2014 年全球 OTC 市场股权类金融衍生产品总市场价值情况

（按交易对手分类）

单位：亿美元

	2005 年	2006 年	2007 年	2008 年	2009 年	2010 年	2011 年	2012 年	2013 年	2014 年
合计	5819	8528	11419	11118	7081	6477	6732	5998	7000	6120
其中：交易商	1774	2903	3978	4185	2695	2372	2503	1991	2437	2003
其他金融机构	3231	4515	5779	5536	3239	2907	2932	2864	3479	2878
非金融机构	813	1109	1662	1397	1147	1198	1297	1144	1084	1240
远期和互换	1118	1664	2387	3352	1765	1673	1555	1566	2024	1773
其中：交易商	201	292	410	838	328	279	323	300	374	275
其他金融机构	635	1043	1527	1977	1053	961	852	938	1408	1258
非金融机构	281	329	451	537	384	433	381	329	242	240
期权	4701	6864	9032	7765	5317	4805	5177	4431	4976	4348
其中：交易商	1573	2611	3568	3347	2367	2093	2180	1691	2063	1728
其他金融机构	2596	3472	4252	3559	2186	1946	2080	1926	2071	1620
非金融机构	532	780	1211	860	763	765	916	815	842	1000

资料来源：国际清算银行（BIS）。

表 2－12　2005—2014 年全球 OTC 市场股权类金融衍生产品未到期合约金额情况（按地区分类）单位：亿美元

	2005 年	2006 年	2007 年	2008 年	2009 年	2010 年	2011 年	2012 年	2013 年	2014 年
所有地区市场	57932	74880	84693	64711	59375	56349	59823	62514	65604	79404
北美地区	13787	15971	17662	14877	17489	15655	17002	19360	21874	29039
欧洲地区	28189	40775	50034	40377	31672	27927	26749	28285	27516	34005
日本地区	7166	8278	5433	4001	4944	5952	6440	4599	5652	5100
其他亚太地区	4731	5321	5533	1829	1798	2522	3867	3217	2969	3512
拉美地区	1863	1567	2121	992	382	579	680	1321	1631	1777
其他地区	2196	2968	3910	2635	3090	3716	5086	5731	5963	5970
远期和互换	11765	17675	22330	16268	16520	18283	17384	20445	22765	24953
北美地区	4271	6231	7195	5078	5278	5436	5631	6693	7270	8809
欧洲地区	5519	8807	11042	8837	8772	9411	7985	9148	9991	9360
日本地区	280	275	426	481	632	792	782	880	779	1319
其他亚太地区	238	336	742	365	286	524	532	749	1007	1198
拉美地区	516	988	1262	396	196	204	311	732	1010	1084
其他地区	941	1037	1664	1112	1356	1916	2143	2243	2710	3183
期权	46167	57205	62363	48443	42855	38067	42440	42069	42839	54451
北美地区	9516	9740	10467	9799	12210	10219	11371	12667	14604	20231
欧洲地区	22669	31968	38992	31540	22901	18516	18764	19138	17525	24645
日本地区	6886	8002	5007	3520	4312	5160	5658	3719	4873	3782
其他亚太地区	4494	4984	4791	1464	1512	1997	3335	2468	1962	2315
拉美地区	1347	579	859	596	186	374	369	589	622	693
其他地区	1254	1931	2246	1523	1734	1800	2943	3488	3252	2786

资料来源：国际清算银行（BIS）。

表 2 - 13　2005—2014 年全球 OTC 市场股权类金融衍生产品总市场价值情况（按地区分类）　单位：亿美元

	2005 年	2006 年	2007 年	2008 年	2009 年	2010 年	2011 年	2012 年	2013 年	2014 年
所有地区市场	5819	8528	11419	11118	7081	6477	6732	5998	7000	6120
北美地区	1340	1997	2323	2491	1916	1910	2197	2164	3008	2886
欧洲地区	3230	4801	6073	6101	3729	3109	2899	2367	2425	1788
日本地区	618	592	500	869	804	774	731	586	662	481
其他亚太地区	247	635	1801	940	267	241	278	242	208	197
拉美地区	85	91	182	205	50	49	78	109	96	110
其他地区	299	411	540	512	316	394	549	531	600	658
远期和互换	1118	1664	2387	3352	1765	1673	1555	1566	2024	1773
北美地区	375	532	731	975	458	506	428	487	785	763
欧洲地区	568	912	1197	1732	1046	911	762	679	764	579
日本地区	24	33	66	157	81	65	63	80	68	69
其他亚太地区	26	53	131	141	37	41	53	59	63	99
拉美地区	52	55	109	154	34	21	42	63	67	80
其他地区	73	79	154	194	110	128	207	199	278	182
期权	4701	6864	9032	7765	5317	4805	5177	4431	4976	4348
北美地区	965	1465	1592	1516	1458	1404	1769	1677	2223	2122
欧洲地区	2662	3889	4876	4369	2683	2198	2136	1688	1661	1209
日本地区	594	559	434	712	723	709	669	506	594	413
其他亚太地区	221	582	1671	799	231	200	225	183	145	98
拉美地区	33	36	73	51	16	28	36	45	30	30
其他地区	226	333	386	318	206	266	342	332	323	475

资料来源：国际清算银行（BIS）。

表2-14　2005—2014年全球OTC市场股权类金融衍生产品未到期合约金额
（按合约类型、交易对手和到期期限分类）

单位：亿美元

所有交易对手	所有合约				远期和互换类合约				期权类合约			
	到期期限				到期期限				到期期限			
	小于1年	1年到5年	大于5年	合计	小于1年	1年到5年	大于5年	合计	小于1年	1年到5年	大于5年	合计
2005年12月	28534	25732	3666	57932	6850	3594	1322	11765	21684	22138	2344	46167
2006年12月	37579	29101	8200	74880	9065	5314	3295	17675	28514	23787	4905	57205
2007年12月	46721	29052	8921	84693	13132	6567	2631	22330	33589	22485	6290	62363
2008年12月	29723	26918	8070	64711	7855	5568	2845	16268	21868	21349	5225	48443
2009年12月	28377	24088	6910	59375	8559	6039	1922	16520	19818	18049	4988	42855
2010年12月	26496	23577	6276	56349	10094	6284	1905	18283	16402	17293	4372	38067
2011年12月	30506	22932	6385	59823	10490	5238	1656	17384	20016	17694	4730	42440
2012年12月	33499	23295	5720	62514	13449	5638	1357	20445	20049	17656	4363	42069
2013年12月	36878	22653	6073	65604	13845	7305	1616	22765	23033	15349	4457	42839
2014年12月	54627	20381	4395	79404	17144	6700	1109	24953	37484	13681	3287	54451

续表

交易对手为交易商	所有合约				远期和互换类合约				期权类合约			
	到期期限				到期期限				到期期限			
	小于1年	1年到5年	大于5年	合计	小于1年	1年到5年	大于5年	合计	小于1年	1年到5年	大于5年	合计
2005年12月	7643	10780	982	19405	1289	975	230	2493	6355	9805	752	16911
2006年12月	12959	10542	1867	25368	2310	1476	623	4409	10649	9066	1244	20959
2007年12月	16933	10819	2353	30105	3717	1944	712	6373	13217	8874	1641	23732
2008年12月	10743	9693	2012	22448	2048	1394	449	3892	8695	8298	1563	18556
2009年12月	9489	8998	2523	21010	2007	1569	552	4128	7482	7429	1971	16882
2010年12月	8605	9124	2472	20202	2764	1950	522	5236	5841	7174	1951	14966
2011年12月	10931	9355	2288	22574	3025	1524	453	5002	7905	7831	1835	17571
2012年12月	10814	8723	1954	21491	3918	1655	393	5966	6896	7068	1561	15525
2013年12月	10682	8406	1885	20974	4014	1912	414	6340	6668	6495	1471	14633
2014年12月	15214	7038	1388	23640	4920	1344	273	6537	10293	5694	1115	17103

资料来源：国际清算银行（BIS）。

（三）全球主要国家权益类衍生产品发展历史

股指期货的发展历程大致可以分为四个阶段：孕育和产生阶段（1977—1982年）、成长阶段（1983—1987年）、停滞阶段（1988—1989年）、快速发展阶段（1990年至今）。

20世纪70年代以来，随着固定汇率的解体以及石油危机的影响，全球经济发展波动巨大，利率、汇率波动频繁，通货膨胀高企，股市萧条。美国道琼斯指数（DJI）曾跌至1700点，跌幅甚至超过了20世纪30年代金融风暴时期的一倍。股票市场价格大幅波动，投资者急需金融工具对冲风险。

1982年2月24日，美国堪萨斯期货交易所（KCBT）正式推出了"价值线股指期货合约"。随即，芝加哥商品交易所（CME）于1982年4月推出了标准普尔500（SP500）股指期货合约，纽约期货交易所（NYBOT）于1982年5月推出了纽约证券交易所综合指数期货。其后几年，股指期货在全球生根发芽，快速发展（见表2-15）。

表2-15　　　　　　　　全球主要股指期货品种

国家和地区	指数期货名称	开放日期	上市交易所
美国	价值线指数期货（VLF）	1982年2月	堪萨斯期货交易所（KCBT）
	标准普尔500指数期货（SP500）	1982年4月	芝加哥商品交易所（CME）
	纽约证交所股票指数期货（NYSE）	1982年5月	纽约期货交易所（NYBOT）
	主要市场指数期货（MMI）	1984年4月	芝加哥期货交易所（CBOT）
	日经225指数期货（NIKKEI225）	1990年9月	芝加哥商品交易所（CME）
	欧洲顶尖指数期货（EUROTOP）	1992年10月	纽约商品交易所（COMEX）
澳大利亚	普通指数期货（ALL ORDINARIES）	1983年2月	悉尼期货交易所（SFE）
加拿大	多伦多证交所300股指期货（TSE300）	1984年1月	多伦多期货交易所（TFE）

国家和地区	指数期货名称	开放日期	上市交易所
英 国	伦敦金融时报 100 股指期货（FTSE100）	1984 年 5 月	伦敦国际金融期货交易所（LIFFE）
中国香港	恒生指数期货（HANG SENG）	1986 年 5 月	香港期货交易所（HKFE）
新加坡	日经 225 指数期货（NIKKEI225）	1986 年 9 月	新加坡国际金融交易所（SIMEX）
法国	法国证券商工会 40 股指期货（CAC40）	1988 年 6 月	法国期货交易所（MATIF）
日本	东证股票指数期货（TOPIX）	1988 年 9 月	东京证券交易所（TSE）
德国	德国股指期货（DAX）	1990 年 9 月	德国期货交易所（DTB）
新西兰	新西兰股指 40 期货（NZSE40）	1991 年 9 月	新西兰期货交易所（NIFE）
西班牙	西班牙股指期货（IBEX35）	1992 年 1 月	西班牙不定所得交易所（MEFFRV）
韩国	韩国股指期货（KOSPI200）	1996 年 5 月	韩国证券交易所（KSE）
中国台湾	台湾股指期货（TAIFEX）	1998 年 7 月	台湾期货交易所（TAIFEX）

资料来源：Gullen，Mayhew，Stock Index Futures：Trading and Volatility in International Equity markets，The Journal of Futures Markets. 2005. 20. 661 - 685。

1. 美国

美国股市在 20 世纪 70 年代及 80 年代初期处于一个趋势线相对水平，但股指波动较为剧烈的阶段。其间两次石油危机给美国股市造成了巨大的不良影响。

从图 2 - 12 可以看出，道琼斯工业指数在 1965 年 1 月到 1984 年 12 月区间内，收盘价从 875.85 上升到了 1211.56，最高值为 1287.2，最低值为 577.6，平均值为 906.50。收盘价的月标准差均值为 14.59，标准偏差最高值达到 45.85，最低值仅为 4.03。从图 2 - 13 可以看出，1973 年到 1974 年、1977 年到 1980 年，以及 1982 年道琼斯工业指数均有较大幅度的波动。

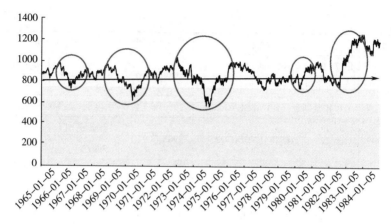

资料来源：Wind 资讯。

图 2 - 12　道琼斯指数变化图（1965—1984 年）

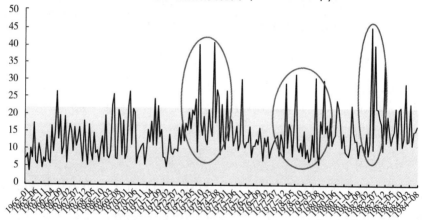

资料来源：Wind 资讯。

图 2 - 13　道琼斯指数标准差变化图（1965—1984 年）

标准普尔 500 指数（SP500）在 1965 年 1 月到 1984 年 12 月期间也从 84.63 点上升到了 167.24 点，其间也经历了几次大的波动，尤以 70 年代中期和 1982—1983 年这两个时期为甚（见图 2 - 14）。

标准普尔指数（SP500）在该区间段内从 84.63 上升到了 167.24，最低值为 62.28，最高值为 172.65，平均值为 105.82，收盘价标准偏差为

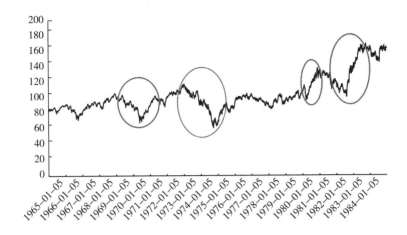

资料来源：Wind 资讯。

图 2 – 14　SP500 收盘价走势图（1965—1984 年）

1.73，收盘价月度标准偏差的最小值为 0.31，收盘价月度标准偏差的最大值达到 6.07（见图 2 – 15）。

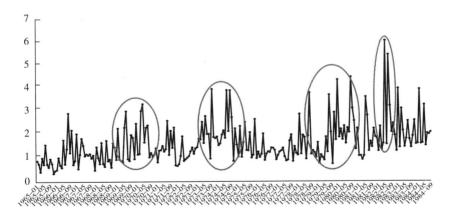

资料来源：Wind 资讯。

图 2 – 15　SP500 月波动标准差变化图（1965—1984 年）

　　1982 年，堪萨斯期货交易所（KCBT）的价值线指数期货（VLF）、芝加哥商品交易所（CME）的标准普尔 500 指数期货和纽约期货交易所（NYFE）的股票指数期货（NYSE）先后产生，都是为了规避股价波动的风险。

2. 日本

日本股市从 20 世纪 70 年代开始了一轮牛市，日经 225 指数从 1970 年初的 2402 点一路狂飙到 1988 年末的 30159 点。1985 年美国等国与日本签下广场协议，一年后，日元兑美元升值 1 倍。1987 年底美国逼迫日本银行降低利率，资金成本骤低，造成了严重的资产泡沫。

从图 2-16 可以看到，日经 225 指数在 20 世纪 80 年代中后期出现了两次深幅调整，在 1970 年 1 月到 1989 年 12 月区间内，收盘价的月波动率平均值为 133.40，最低值为 14.13，最高值为 1750.143（见图 2-17）。

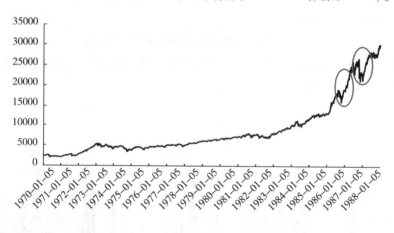

资料来源：Wind 资讯。

图 2-16　日经 225 指数走势（1970—1988 年）

为规避证券市场巨幅波动的风险，东京证券交易所（TSE）于 1988 年 9 月推出了东证股票指数期货（TOPIX），从此日本的权益类衍生产品进入了一个新时代。随后，新加坡国际金融交易所（SIMEX）于 1986 年 9 月推出日经 225 指数期货（NIKKEI225），芝加哥商品交易所（CME）于 1990 年 9 月推出日经 225 指数期货（NIKKEI225），大大提升了日本证券市场在国际市场的影响力。

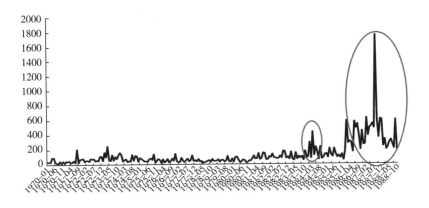

资料来源：Wind 资讯。

图 2 – 17　日经 225 指数月波动率变化图（1970—1988 年）

3. 韩国

韩国股市自 20 世纪 80 年代中期开始走出了一轮"大牛市"，韩国综合指数上涨幅度近 9 倍，但 90 年代后，股市发生了巨变，股指大"跳水"，跌幅近 50%（见图 2 – 18）。

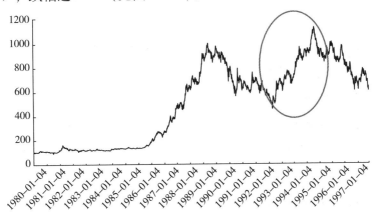

资料来源：Wind 资讯。

图 2 – 18　韩国综合指数收盘价走势图（1980—1997 年）

在 1980—1996 年期间，韩国综合指数收盘价月度标准偏差最低值为0.60，最高值为57.05，平均值为13.47，韩国综合指数在这个时间段内收盘价的平均值为497.49（见图2－19）。20世纪90年代初期，韩国股市波动巨大，1996年5月，韩国证券交易所（KSE）推出了韩国股指期货（KOSPI200）。

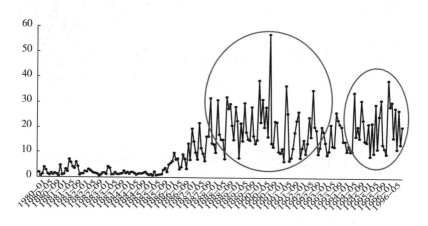

资料来源：Wind资讯。

图2－19　韩国综合指数收盘价月度标准差变化图（1980—1996年）

（四）其他要素的考量

我们考察了美国、日本和韩国的权益类衍生产品产生背景，发现股市暴涨暴跌造成价格波动是这些国家产生权益类衍生产品的直接原因，股市是经济的"晴雨表"，下面考量一下其他经济发展指标与这些产品的出现是否有一定的联系。从图2－20可以看出，美国的GDP从20世纪70年代以来发展一直较快，直到2007年的次贷危机才有所下降，70年代产生权益型衍生产品的时候并未出现异常波动。

日本GDP在20世纪90年代前发展一直较快，90年代之后进入了缓慢的盘整阶段，权益类衍生产品的推出与GDP没有明显的关系。

韩国GDP从20世纪60年代以来，除了在1997年亚洲金融危机时有所调整外，一直处于上升通道，GDP与权益类衍生产品的推出也未

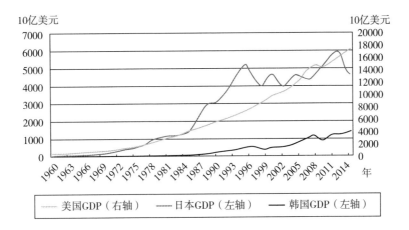

资料来源：世界银行（World Bank）。

图 2－20　美国、日本和韩国 GDP 时间序列图（1960—2014 年）

见明显的关系。

　　我们又考查了三个国家 GDP 的增长率以及 GDP 增长率的变化率，也未发现与权益类衍生产品推出有显性关系（见图 2－21、图 2－22）。

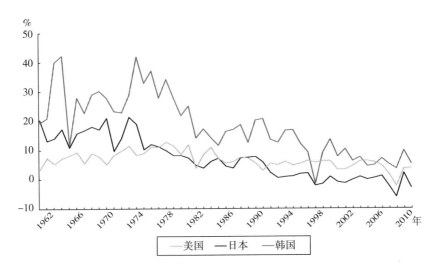

资料来源：世界银行（World Bank）。

图 2－21　美国、日本和韩国 GDP 增长率变化图（1961—2011 年）

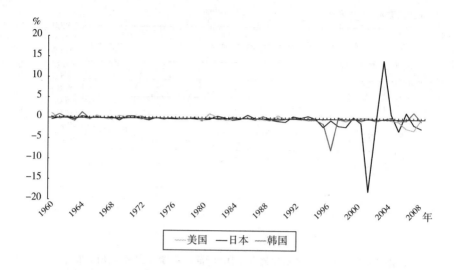

资料来源：世界银行（World Bank）。

图 2 - 22 美国、日本和韩国 GDP 增长率的变化率图（1960—2009 年）

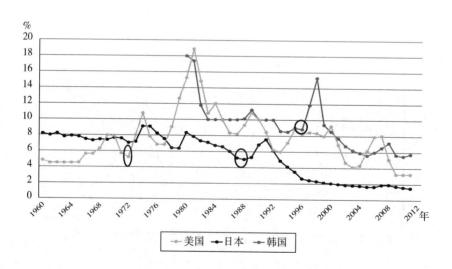

资料来源：世界银行（World Bank）。

图 2 - 23 美国、日本和韩国贷款利率走势图（1960—2012 年）

接下来考查贷款利率、出口和权益类衍生产品推出的关系。我们发现，无论是美国、日本还是韩国，在权益类衍生产品推出之时，利率市场都有一个较大的反转，利率都有较大的上升，导致股市下行。而日本和韩国这类对出口依赖程度较高的国家，在出口下降的时候，股市波动也较为剧烈，因此股市的避险情绪也较强，体现出了一定的相关关系。

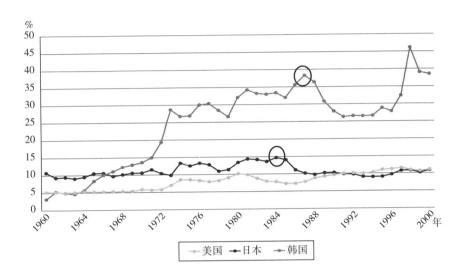

资料来源：世界银行（World Bank）。

图 2 - 24　美国、日本和韩国出口（占 GDP 的比例）时间序列图（1960—2000 年）

从上面分析可以看出，股市的波动性跟诸多宏观经济变量有着一定的联系，如与利率之间有较强的负相关性，与出口依赖型国家的进出口贸易有较大的相关性等。这些因素会影响股市的波动性，间接影响权益类衍生产品的推出。

四、利率类衍生产品

（一）定义

利率类衍生产品是指以利率或利率的载体为基础的金融衍生产品。

（二）利率衍生产品的最新情况

根据国际清算银行的数据（见表 2 - 16），2014 年末全球 OTC 市场利率类金融衍生产品未到期合约金额为 505.5 万亿美元，总市场价值为 15.6 万亿美元，在 2005—2014 年期间，分别增长 138.5% 和 189.2%，复合年增长率 9.08% 和 11.2%。从产品类别来看，利率互换类合约占据主要市场份额。2014 年末的未到期合约金额中，利率互换占比约为 75.4%，远期利率占比约为 16.0%，期权占比约为 8.6%；从总市场价值来看，利率互换占比约为 89.4%，远期利率占比约为 0.9%，期权占比约为 9.7%。

表 2 - 16　　　　　2005—2014 年全球 OTC 市场利率类

金融衍生产品总体情况　　　　　单位：亿美元

	未到期合约金额				总市场价值			
	远期利率	利率互换	期权	合计	远期利率	利率互换	期权	合计
2005 年 12 月	142687	1691062	285956	2119705	221	47778	5972	53971
2006 年 12 月	186679	2296931	432205	2915815	321	41630	6308	48258
2007 年 12 月	265988	3095883	569511	3931381	411	61826	9529	71765
2008 年 12 月	415613	3411276	499682	4326571	1655	181575	17639	200869
2009 年 12 月	517792	3492880	488076	4498747	803	125757	13638	140197
2010 年 12 月	515870	3643772	492955	4652596	2060	131387	14014	147461
2011 年 12 月	505958	4026106	509111	5041175	675	180458	18876	200009
2012 年 12 月	719602	3722930	483514	4926046	477	172850	17056	190383
2013 年 12 月	788097	4567254	492641	5847992	1078	129185	11736	141999
2014 年 12 月	808357	3810276	435906	5054539	1450	139465	15167	156082

资料来源：国际清算银行（BIS）。

从市场参与者分布来看，其他金融机构所占市场份额最大，且近年加速扩张，逐步拉开了与交易商之间的差距。2014 年末，全球 OTC 衍生产品市场的参与者中，以未到期合约金额计算，其他金融机构占比

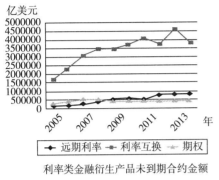

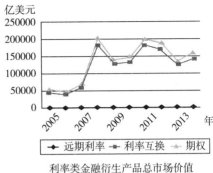

资料来源：国际清算银行（BIS）。

图 2 - 25　2005—2014 年全球 OTC 市场利率类金融衍生产品发展趋势

达 83.4%，交易商和非金融机构客户占比分别为 13.8% 和 2.8%（见表 2 - 17）；以总市场价值计算，其他金融机构占比达 68.4%，交易商和非金融机构客户占比分别为 25.5% 和 6.1%（见表 2 - 18）。

从交易货币来看，2005 年至 2014 年，美元与欧元相互竞争，轮占首位。2014 年末，全球 OTC 衍生产品市场中，以未到期合约金额计算，排名前三的货币为美元、欧元、英镑，占比分别为 34.1%、33.1% 和 11.3%（见表 2 - 19）；以总市场价值计算，排名前三的货币为欧元、美元、英镑，占比分别为 52.4%、23.1% 和 11.7%（见表 2 - 20）。

从合约到期期限来看，整个市场的合约期限分布比较平均，交易对手为交易商的合约期限略偏重于 1 年到 5 年期。2014 年末，全球 OTC 衍生产品市场所有合约中，以未到期合约金额计算，期限小于 1 年的合约为 200.8 万亿美元，期限在 1 年到 5 年之间的为 184.7 万亿美元，期限大于 5 年的为 120 万亿美元（见表 2 - 21）；交易对手为交易商的合约中，期限小于 1 年的有 20.1 万亿美元，期限在 1 年到 5 年之间的有 30.0 万亿美元，期限大于 5 年的有 19.7 万亿美元。

表2-17 2005—2014年全球OTC市场利率类金融衍生产品未到期合约金额情况

单位：亿美元

	2005年	2006年	2007年	2008年	2009年	2010年	2011年	2012年	2013年	2014年
合计	2119705	2915815	3931381	4326571	4498747	4652596	5041175	4926046	5847992	5054539
其中：交易商	915410	1274325	1572454	1657408	1385797	1344834	1573480	1168865	957617	698064
其他金融机构	953205	1257078	1931071	2280028	2756877	2934898	3105178	3411872	4718696	4213968
非金融机构	251090	384413	427857	389136	356074	372864	362516	345309	171680	142507
远期利率	142687	186679	265988	415613	517792	515870	505958	719602	788097	808357
其中：交易商	75609	100236	119032	208182	273522	262622	334842	115049	55773	37302
其他金融机构	61872	73944	138303	194516	224868	244141	165500	579976	722134	765677
非金融机构	5206	12499	8653	12915	19401	9107	5616	24577	10190	5379
利率互换	1691062	2296931	3095883	3411276	3492880	3643772	4026106	3722930	4567254	3810276
其中：交易商	708006	962787	1196380	1196407	879942	831802	921632	754591	599481	407112
其他金融机构	772467	1028111	1569482	1885480	2310233	2486840	2778140	2672087	3828698	3288572
非金融机构	210590	306033	330021	329389	302704	325129	326333	296252	139075	114592
期权	285956	432205	569511	499682	488076	492955	509111	483514	492641	435906
其中：交易商	131795	211302	257042	252820	232332	250410	317007	299225	302362	253650
其他金融机构	118867	155022	223285	200031	221775	203917	161538	159809	167864	159719
非金融机构	35294	65881	89183	46832	33969	38628	30566	24480	22415	22536

资料来源：国际清算银行（BIS）。

表 2−18　2005—2014 年全球 OTC 市场利率类金融衍生产品总市场价值情况（按交易对手分类）单位：亿美元

	2005 年	2006 年	2007 年	2008 年	2009 年	2010 年	2011 年	2012 年	2013 年	2014 年
合计	53972	48259	71765	200869	140197	147461	200009	190383	141999	156082
其中：交易商	20961	19729	27742	70992	39700	41360	64528	60235	37412	39806
其他金融机构	26251	22235	37858	118493	93134	97560	124502	118750	96728	106818
金融机构	6760	6295	6165	11383	7363	8541	10979	11398	7859	9458
远期利率	221	321	411	1655	803	2060	675	477	1078	1450
其中：交易商	64	90	137	781	321	600	324	138	304	195
其他金融机构	135	184	251	817	427	1427	318	317	680	1152
非金融机构	23	47	22	56	55	33	33	21	94	103
利率互换	47778	41630	61826	181575	125757	131387	180458	172850	129185	139465
其中：交易商	17815	16267	22710	60948	32293	32871	51129	48357	29046	28924
其他金融机构	23782	19744	33819	110331	86862	90725	119276	113801	92878	101748
非金融机构	6181	5620	5297	10296	6602	7791	10054	10692	7261	8792
期权	5972	6308	9529	17639	13638	14014	18876	17056	11736	15167
其中：交易商	3082	3372	4895	9262	7087	7889	13076	11740	8062	10687
其他金融机构	2334	2307	3788	7344	5845	5408	4908	4631	3170	3918
非金融机构	557	629	846	1032	706	717	892	685	504	563

资料来源：国际清算银行（BIS）。

表 2－19　2005—2014 年全球 OTC 市场利率类金融衍生产品未到期合约金额情况（按货币分类）单位：亿美元

	2005 年	2006 年	2007 年	2008 年	2009 年	2010 年	2011 年	2012 年	2013 年	2014 年
所有货币	2119705	2915815	3931381	4326571	4498747	4652596	5041175	4926046	5847992	5054539
加拿大元	17470	21253	30138	27039	34274	42475	63970	75068	103847	100857
欧元	814423	1117911	1460824	1614452	1757903	1778310	1847022	1897020	2416677	1672671
日元	256053	381131	530993	615880	538548	595093	668188	548159	525512	461270
英镑	150600	222380	283901	292044	342573	378126	433670	422560	526255	570080
瑞典克朗	25506	35938	51760	50817	46956	50983	58444	64541	66617	48305
瑞士法郎	32746	35432	41012	50884	48067	51144	53951	53571	57498	47762
美元	744409	974301	1297558	1486608	1533735	1515825	1618640	1487682	1733820	1725456
其他货币	78499	127468	235196	188847	196692	240639	297287	377446	417768	428138

资料来源：国际清算银行（BIS）。

表 2－20　2005—2014 年全球 OTC 市场利率类金融衍生产品总市场价值情况（按货币分类）单位：亿美元

	2005 年	2006 年	2007 年	2008 年	2009 年	2010 年	2011 年	2012 年	2013 年	2014 年
所有货币	53972	48258	71765	200869	140197	147461	200009	190383	141999	156082
加拿大元	362	309	369	1861	1017	898	2045	1659	1392	1631
欧元	29650	22997	26883	56428	60727	58265	80228	92633	69893	81851
日元	2945	2967	4006	9270	8434	10223	11315	9110	6958	7980
英镑	3438	3107	4298	13654	10383	10156	16548	16160	12936	18279
瑞典克朗	409	319	427	1298	993	708	1199	1199	805	1150
瑞士法郎	487	342	422	1196	1281	1397	1927	1491	1212	1280
美元	15153	16614	32190	110920	53467	61770	79929	59367	43140	36008
其他货币	1528	1603	3171	6242	3895	4044	6816	8765	5663	7902

资料来源：国际清算银行（BIS）。

表 2－21　2005—2014 年全球 OTC 市场利率类金融衍生产品未到期合约金额
（按合约类型、交易对手和到期期限分类）

单位：亿美元

所有交易对手	所有合约				远期和互换类合约				期权类合约			
	到期期限				到期期限				到期期限			
	小于1年	1年到5年	大于5年	合计	小于1年	1年到5年	大于5年	合计	小于1年	1年到5年	大于5年	合计
2005 年 12 月	693782	865498	560424	2119705	616000	737822	479927	1833749	77782	127677	80497	285956
2006 年 12 月	1040976	1103139	771700	2915815	907087	926779	649744	2483610	133889	176360	121956	432205
2007 年 12 月	1276009	1347132	1308241	3931381	1136261	1141095	1084515	3361870	139747	206037	223726	569511
2008 年 12 月	1555814	1275112	1495645	4326572	1443233	1104272	1279384	3826889	112581	170840	216261	499682
2009 年 12 月	1800071	1343117	1355560	4498748	1686409	1185210	1139052	4010671	113661	157907	216508	488076
2010 年 12 月	1881184	1394485	1376927	4652596	1770861	1219408	1169374	4159642	110323	175078	207553	492955
2011 年 12 月	1993631	1764204	1283340	5041175	1856436	1540707	1134921	4532064	137194	223497	148419	509111
2012 年 12 月	1915914	1810962	1199170	4926046	1785960	1588621	1067952	4442532	129955	222341	131218	483514
2013 年 12 月	1986549	2343516	1517928	5847992	1845702	2119062	1390588	5355352	140847	224454	127340	492641
2014 年 12 月	2008004	1846615	1199921	5054539	1874557	1650516	1093561	4618633	133447	196099	106360	435906

续表

交易对手为交易商	所有合约				远期和互换类合约				期权类合约			
	到期期限				到期期限				到期期限			
	小于1年	1年到5年	大于5年	合计	小于1年	1年到5年	大于5年	合计	小于1年	1年到5年	大于5年	合计
2005年12月	336190	361433	217787	915410	302116	303021	178477	783615	34074	58412	39310	131795
2006年12月	495381	472313	306631	1274325	443891	383129	236003	1063023	51490	89184	70628	211302
2007年12月	608053	567825	396575	1572454	548796	463485	303130	1315412	59257	104340	93445	257042
2008年12月	711390	507338	438680	1657408	653660	403763	347165	1404588	57729	103575	91515	252820
2009年12月	631290	431167	323339	1385797	572843	346386	234235	1153465	58447	84781	89104	232332
2010年12月	605969	422171	316695	1344834	551131	322864	220429	1094424	54837	99306	96266	250410
2011年12月	671180	538312	363988	1573480	594327	402420	259727	1256474	76853	135893	104261	317007
2012年12月	378688	483085	307093	1168865	307058	343771	218812	869640	71630	139314	88280	299225
2013年12月	265500	426147	265970	957617	189281	285719	180255	655255	76219	140428	85715	302362
2014年12月	201297	300239	196528	698064	132877	184824	126714	444414	68420	115415	69815	253650

资料来源：国际清算银行（BIS）。

（三）各国利率类衍生产品的产生

20 世纪 70 年代中期以来，西方各国纷纷推行金融自由化政策，利率管制得以放松甚至取消，导致利率波动日益频繁而剧烈。面对日趋严重的利率风险，各类金融产品持有者，尤其是各类金融机构迫切需要管理利率风险的工具。

1. 美国

根据世界银行的相关数据，美国在 1960—1989 年间的贷款利率最大值为 18.87%，最小值为 4.5%，平均值为 8.41%，标准偏差为 3.63%；实际利率的最小值为 1.47%，最大值为 8.68%，平均值为 3.69%，标准偏差为 2.58%。

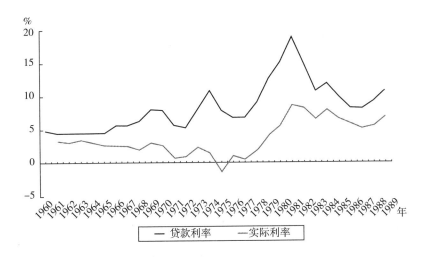

资料来源：世界银行（World Bank）。

图 2-26　美国贷款利率和实际利率走势（1960—1989 年）

美国利率类衍生产品的兴起与美国的利率市场化同步。美国利率市场化进程中的重要事件及重要的创新产品见表 2-22。

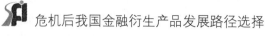

表 2 – 22　美国利率市场化进程中的重要事件及产生的利率类衍生产品

时间	利率市场化过程中的重要事件	产生的利率类衍生产品
1970 年	将 10 万美元以上、3 个月以内的短期定期存款利率自由化	
1973 年	取消 90 天以上的大额存款利率管制	
1975—1977 年		长期政府债券期货、抵押债券期货、国库券期货
1980—1981 年	宣布 6 年内取消 Q 规则规定的利率上限	利率互换、CD 期货、利率期权
1982 年 3 月	准办货币市场存款账户和超级可转让支付账户	FRA（1983）
1986 年	基本实现利率自由化，取消全部利率上限，实现自由化	
1989 年		利率互换期货
1990 年以后		利率衍生产品内部的多种组合产品，如利率互换期权等

资料来源：丁洪民：《论我国利率市场自由化背景下利率衍生产品的发展》，山东大学，2006。

　　1975 年 10 月，芝加哥期货交易所推出了政府国民抵押贷款协会（GNMA）抵押凭证期货合约，标志着利率期货这一新的金融期货类别的诞生。1976 年 1 月，芝加哥商业交易所的国际货币市场推出了 3 个月期的美国短期国库券期货交易，并大获成功。1977 年 8 月，芝加哥期货交易所（CBOT）推出美国长期国库券期货合约。1981 年 12 月，国际货币市场推出了 3 个月期的欧洲美元定期存款期货合约。1982 年 5 月美国芝加哥商业交易所（CME）又推出了 10 年期中期国债期货。1983 年，银行以柜面交易（OTC）的形式引入了利率期权。

2. 英国

1970 年之前，英国一直采取一种间接的利率管制政策，政策倾向维持低利率水平。在利率的管理上，没有具体的利率管制条款，利率管理工具主要是再贴现率，这对商业银行利率具有极强的约束力，商业银行根据英格兰银行的贴现利率确定存贷款利率，各清算银行实行卡特尔制度——协定利率制。

1971 年，英格兰银行公布了《竞争和信贷控制法案》，全面取消了清算银行的卡特尔制度，商业银行利率不再与英格兰银行贴现率相联系，可以自行定价；允许清算银行直接参加银行间存贷市场，使银行之间可以进行短期资金融通；允许清算银行进入 CD 市场等，由此英国进入了金融自由化和利率市场化的时代。1972 年 10 月，英格兰银行取消贴现率，改为最低贷款利率，即英格兰银行在货币市场上作为最后贷款人所用的利率。银行间协定利率取消后，清算银行推出基础贷款利率作为共同标准，并与英格兰银行的最低贷款利率挂钩。1981 年 8 月，英国宣布取消公布最低贷款利率的做法。随着英格兰银行宣布废除利率协议，英国利率体系最终实现了完全市场化。

伦敦国际金融期权期货交易所（LIFFE）在 1982 年 9 月推出了长期金边债券期货。1986 年英国利率市场化完成后，英国的国债期货交易得到了长足的发展，很快成为美国之外最大的国债期货和期权市场。

根据世界银行的相关数据，英国 1967 年到 1989 年这个时间段内的贷款利率最大值为 16.17%，最小值为 5.5%，平均值为 9.94%，标准偏差为 2.74%；实际利率的最小值为 – 13.23%，最大值为 7.17%，平均值为 0.78%，标准偏差为 4.65%。

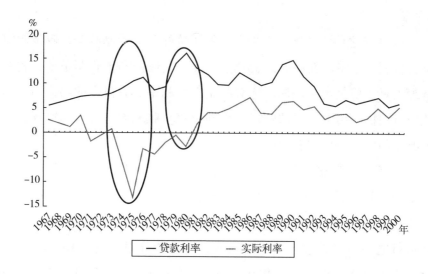

资料来源：世界银行（World Bank）。

图 2 - 27　英国利率走势（1967—2000 年）

3. 日本

日本的利率市场化过程对我国有着很好的借鉴意义，其基本特点可归纳为：先国债，后其他品种；先银行同业，后银行与客户；先长期利率，后短期利率；先大额交易，后小额交易。

日本利率类衍生产品的发展是以国债期货为突破口的。日本在1985 年国债利率实现市场化的时候，就推出了 10 年期利率期货交易，在 1988 年和 1989 年根据国债市场的发展又分别推出了 20 年和 30 年期的长期国债期货。1989 年在银行同业和短期利率放开后推出了日元和美元的短期利率期货交易，并在 OTC 市场上推出了债券期权交易，逐步引入了更为高级的利率类衍生产品。日本于 1994 年 10 月最终实现了利率市场化。

从以上美国、英国和日本的实例可见，利率管制放松后，利率产生波动是各国创新利率类衍生产品的前提和必要条件。

五、信用类衍生产品

(一) 定义

根据国际互换和衍生产品协会（ISDA 2003）的定义，信用类衍生产品是指用来分离和转移信用风险的各种工具和技术的总称，交易双方利用信用衍生产品来增加（或减少）对某一经济实体的信用风险暴露。

信用类衍生产品类型多样、形式灵活，根据出现的顺序和复杂程度，主要包括以下几类产品。

1. 单一产品（Single Name）

单一产品是指参考实体为单一经济实体的信用类衍生产品，一般而言，包括单一名称信用违约互换（Credit Default Swap，CDS）、总收益互换（Total Return Swap，TRS）、信用联结票据（Credit – Linked Note，CLN）及信用价差期权（Credit Spread Option，CSO）等。

2. 组合产品（Multi – name）

组合产品是指参考实体为一系列经济实体组合的信用类衍生产品，包括指数 CDS、担保债务凭证（Collateralized Debt Obligation，CDO）、互换期权（Swaption）和分层级指数交易（Tranched Index Trades）等。组合产品的交易结构较为复杂，但共同的机理是由多个基本信用违约互换或多个单一的信用衍生产品构成的资产组合池（所以叫 Multi – name）。由于组合产品对信用资产组合池中的违约相关性非常敏感，因此，这类产品也叫作"相关性"产品。

3. 其他产品

其他产品主要包括信用固定比例投资组合保险债券（Constant Proportion Portfolio Insurance，CPPI）、信用固定比例债务债券（Constant Proportion Debt Obligations，CPDO）、资产证券化信用违约互换（AB-

CDS）和外汇担保证券（CFXO）等与资产证券化紧密结合的信用类衍生产品。这些产品结构复杂，定价很不透明，即使在金融危机前信用类衍生产品市场最为活跃的时期也乏人问津，而在危机后则销声匿迹了。

（二）信用类衍生产品的最新情况

根据国际清算银行的数据（见表 2－23），2014 年末，全球信用违约互换产品未到期合约金额为 16.4 万亿美元，总市场价值为 5930 亿美元，比 2005 年末分别增长 17.9% 和 144.4%，复合年增长率为 1.7% 和 9.3%。从产品类别来看，单一产品虽仍占据主要市场份额，但组合产品发展速度更快。2005 年末，单一产品和组合产品的未到期合约金额占比分别为 75% 和 25%，而 2014 年末的占比分别为 55.1% 和 44.9%。单一产品和组合产品的总市场价值占比从 2005 年末的 70.5% 和 29.5% 变为 2014 年末的 61.7% 和 38.3%。

表 2－23　　　　2005—2014 年全球信用违约互换市场情况

（未到期合约金额和总市场价值）　　　单位：亿美元

未到期合约金额	2005 年	2006 年	2007 年	2008 年	2009 年	2010 年	2011 年	2012 年	2013 年	2014 年
信用违约互换 CDS	139083	286503	582437	418827	326927	298976	286262	250685	210198	163989
其中：单一产品	104320	178793	324863	257399	219171	181446	168652	143089	113241	90409
组合产品	34762	107710	257574	161427	107756	117530	117610	107595	96958	73580
总市场价值	2005 年	2006 年	2007 年	2008 年	2009 年	2010 年	2011 年	2012 年	2013 年	2014 年
信用违约互换 CDS	2426	4701	20199	51162	18013	13524	15861	8476	6534	5930
其中：单一产品	1711	2779	11582	32627	12428	8858	9582	5269	3692	3657
组合产品	715	1922	8617	18535	5585	4666	6279	3208	2842	2273

资料来源：国际清算银行（BIS）。

（三）信用类衍生产品的发展

20世纪70年代以来，随着利率和汇率的逐步市场化，全球自由化浪潮高企，金融创新层出不穷，信用市场的广度和深度不断扩大。1980年拉美债务危机和1982年美国储贷危机对国际金融市场造成了巨大的影响。由于激烈的全球行业竞争，企业破产大幅度增加，债务违约率上升，银行信贷资产质量下降。非银行金融机构进入银行传统业务领域与商业银行争夺客户，蚕食市场份额，商业银行流失大批优良客户，市场份额逐渐萎缩。而且随着经营成本上升和净利息收益下降，银行从传统贷款业务得到的收益已经不足以弥补这些贷款的信用风险，在市场中处于十分被动的境地。为了生存和发展，商业银行不得不寻求新的技术来衡量和管理信用风险，信用类衍生产品就应运而生，并得到了快速发展。

信用类衍生产品最早出现于1992年的美国纽约互换（SWAP）市场，1993年3月，*Global Finance* 上的一篇文章提到华尔街三家公司——J. P. 摩根（J. P. Morgan）、美林（Merrill Lynch）和信孚银行（Banker Trust）已经开始经营某种形式的信用衍生产品。1993年，KMV公司提出了它的 Portfolio Manager（投资组合管理者）模型的第一个版本，也是第一个信用投资组合模型。1995年，摩根大通银行的布莱斯·马斯特斯（Blythe Masters）开发出信用违约互换产品CDS。1996年9月，第一个 CLO（Collateralized Loan Obligation，附抵押贷款债务）诞生于英国国民西敏寺银行（National Westminster Bank）。1997年4月，J. P. 摩根推出了 Credit Metrics。1997年10月，瑞士信贷集团（Credit Suisse）发布了 Credit Risk +。1999年7月，ISDA发布了信用类衍生产品涉及的有关定义，如破产、债务加速和债务违约等。随着产品创新和制度创新，信用类衍生产品的交易规模快速增长，根据英国银行家协会（BBA）数据，1995年末全球信用类衍生产品交易未清偿金额仅为 100 亿美元，1996 年末增加到 500 亿美元，1997 年末剧增至 1700 亿美元，到 2002 年底全球信用类衍生产品交易达到 19520 亿美元。从 1997 年到 2002 年短短五年间，信用类衍生产品规模增加了 10 倍。

信用风险并不是金融机构面临的新型风险，但为什么直到 20 世纪 90 年代才出现信用类衍生产品呢？可能有如下几个原因：一是信用类衍生产品发展需要以高度发达的证券市场和成熟的信托制度为基础；二是需要评级等中介机构的发展壮大；三是需要计量工具和计算机技术发展到一定程度；四是需要有大量成熟的机构投资者。

第二节　演进模式、价格波动和风险规避

作为一种制度安排，金融衍生产品市场具有一定的公共产品特性，但又不完全是公共产品。从各国金融衍生产品市场的发展进程可以看到两种发展模式：诱致性演进模式和强制性演进模式。

诱致性演进模式是指现行制度安排的变更或替代，或者是新制度安排的创造，由个人或一群人在响应获利机会时自发倡导、组织和实行。与此相反，强制性演进模式由政府命令和法律引入和实行。诱致性演进模式必须由某种在原有制度安排下无法得到的获利机会引起，而强制性演进模式可以纯粹因在不同利益集团之间对现有收入进行再分配而发生。发达市场更偏于诱致性演进模式，新兴市场则更偏于强制性演进模式。美、英等国家是诱致性演进模式的代表，政府并没有试图推动金融衍生产品市场的发展，市场力量在其中扮演了主要角色。韩国、新加坡、印度以及我国香港和台湾地区则是强制性演进模式的代表，这两种演进模式很难简单地判断孰优孰劣。对于先发国家而言，

诱致性演进模式是一个很自然的选择。但是，由于金融衍生产品的公共产品特性，诱致性演进到了一定阶段之后也许无法确保市场能形成足够的创新。对后发国家来说，采用诱致性演进模式也是一个选择，但在先发国家已经取得成功经验的情况下，采用强制性演进模式也许是一个更好的选择，可以使后发国家能够以更快的速度发展。另外，值得注意的是，两种模式之间并没有明显的分水岭，一定条件下是可以相互转化的。

一、诱致性演进模式代表——欧美地区

（一）美国

美国金融衍生产品市场交投活跃，作为现代金融衍生产品的发源地，美国以其规模效应和创新思想引领着全球衍生产品市场的发展趋势。布雷顿森林体系瓦解之前，国际外汇市场在固定汇率制度下累积了巨大的风险。以美元黄金为核心的汇率制度解体后，国际金融市场受到了剧烈的冲击。在此背景下，一方面为了防范金融风险，另一方面在新体系中确实存在对外汇市场风险进行管理和有效控制的需求，美国率先推出了汇率类金融衍生产品。在此之后，国债类、利率类、股票类衍生产品相继出炉，最后发展起来的是信用类衍生产品。

汇率类衍生产品是美国出现较早的衍生产品。在美国最早出现的汇率类衍生产品是在 OTC 市场上进行的远期交易，一个直接的原因是由于受到金银等货币本位的限制，它们的估值相对来说更为直接和简单。随着在 OTC 市场中外汇掉期交易的出现，外汇市场上套利机制进一步成熟。例如，20 世纪 60 年代第一批掉期交易的交易者是美英两国的跨国公司，其目的是希望以对方货币借款来绕过英国的外汇管制。到 20 世纪 70 年代初期，欧洲美元市场的形成、外汇管制的放松、国

际资本流动加速以及国际资本市场的形成，使国际货币体系由美元本位制度逐步向市场决定机制转变，而布雷顿森林体系的崩溃则直接导致货币价格——汇率剧烈波动。市场上的外汇期货合约、货币期货合约、股票期权交易逐步发展起来。

利率类衍生产品比较集中出现在 20 世纪 70 年代，市场为了规避利率风险，开始使用利率期货、国库券期货、国库券认购期权和认沽期权。

20 世纪 80 年代，一系列关于衍生产品理论的发展和广泛应用，使金融衍生产品得到进一步的丰富和发展。1981 年美国所罗门兄弟公司（Solomon Brother Co.）为美国 IBM 公司和世界银行成功办理了美元与马克和瑞士法郎之间的货币互换业务。随后市场上又逐步出现大额可转让定期存单（CD）期货、欧洲美元定期存单期货、股指期货、股票指数期权。金融衍生产品的三个主要品种——货币、利率和股指产品逐步健全。

20 世纪 80 年代后期，美国的期权和互换业务得到很大发展，期权交易与互换技术结合衍生出的互换期权等产品也得到广泛应用。1987 年美国产生了 OTC 股票互换。交易所将一债券投资组合的利息收入转换成与某一股票指数相关的收入，持有者享有股票指数升值带来的资本收益，但并不实际拥有这一股票组合。20 世纪 90 年代，随着金融自由化、投资全球化浪潮的兴起，欧洲和亚洲的金融衍生产品市场迅速发展起来，对美国的世界金融衍生产品中心的地位发起挑战，竞争也促进了美国国内衍生产品市场交易品种、市场深度和广度的进一步发展。这一时期场外交易的规模随着需求的扩大和计算机技术的发展应用而进一步活跃，由于交易灵活、成本低等优势，OTC 交易规模逐渐超过交易所场内交易，在危机后，OTC 交易进一步扩大了优势。

表 2 – 24　　　　　　美国主要金融衍生产品产生的时间

	金融衍生产品的名称
20 世纪 20 年代	场外股票交易期权
1972 年	外汇期货
1973 年	股票期货
1975 年	抵押债券期货
1976 年	国库券期货
1977 年	长期政府债券期货
1979 年	场外货币期权、票据期货
1980 年	货币互换
1981 年	股票指数期货、定期存单期货
1983 年	外汇期货期权、股票指数期货期权、原油期货
1985 年	欧洲美元期权、互换期权
1987 年	平均期权、复合期权
1989 年	利率互换期货
1990 年	股票指数互换
1991 年	证券组合互换
1992 年	特种互换

资料来源：根据互联网资料整理。

（二）以英国为代表的欧洲地区

英国金融衍生产品市场的发展和美国有着类似的背景，布雷顿森林体系的瓦解，给国际金融市场带来的巨大冲击，同样也影响到英国。在此背景下英国衍生产品市场得到了巨大发展，是出于维护伦敦的世界金融中心地位的需要。英国金融衍生产品市场也是先出现汇率类衍生产品，随后出现利率类和股权类衍生产品。为了吸引投资者的加入，提高市场参与者的积极性，英国制定了较为宽松的监管政策，这有利于产品的创新并且促进了市场的灵活性。因此，伦敦成为目前全球最大的场外金融衍生产品市场。

表 2 – 25 　　　　　欧洲地区主要金融衍生产品产生的时间

年份	金融衍生产品
1972	外汇期货
1984	股指期货
1985	金融时报指数期权
1988	阿姆斯特丹股指期货（EOEI）、法国证券商协会40指数期货
1989	英镑利率期权、丹麦股指期货
1990	欧洲马克利率期货、期权交易、德国股指期货
1991	泛欧100指数期货
1992	西班牙股指期货、奥地利股指期货
2001	全球股票期货

资料来源：根据互联网资料整理。

二、强制性演进模式代表——亚太地区

（一）韩国

与美国和英国的诱发式进程不同，在韩国金融衍生产品市场发展过程中，政府承担了创新推动者的责任，通过积极推进、政策引导的方式，一步步放开法律的限制，向海外投资者和中小投资人开放市场，提供优惠的税负政策，鼓励产品创新，从而推动市场的发展。

纵观韩国衍生产品的发展历程，几乎每一个关键的环节都有政府的身影。在衍生产品的发展顺序上，考虑到仍然存在外汇管制，韩国政府独辟蹊径，没有选择货币期货而是选择了股指期货作为突破口。在美英等发达市场已经存在成功经验的情况下，韩国政府没有把发展衍生产品的任务留给市场，而是自己承担起了这个职责。韩国政府首先在1995年颁布了《期货交易法》，为衍生产品的发展扫除法律障碍并提供充分的法律保障。韩国政府还花费了大量的精力进行充分的投资者教育，确保投资者不会因为理解偏差而对衍生产品的发展形成障碍。当期货市场正式成立后，政府又通过修改《期货交易法》把股指

期货的交易转移到了期货交易所。政府的积极介入和恰当的措施使韩国的金融衍生产品市场发展非常迅速，目前，韩国股指期货和期权的成交量已经位居世界前列，并且对韩国金融市场的健康发展起到了非常积极的作用。

表 2－26　　　　　　韩国金融衍生产品市场推出历程

	韩国金融衍生产品市场大事记
1987 年 3 月	韩国期货市场建立
1992 年	韩国股票交易所 KSE 推出 KOSPI200 股价指数期货
1995 年 12 月 29 日	韩国的《期货交易法》颁布
1996 年 5 月 3 日	KOSPI200 指数期货上市
1997 年 7 月 7 日	推出了 KOSPI200 指数期权
1999 年 4 月	韩国期货交易所成立
2004 年 1 月 1 日	KOSPI200 指数期货和期权移至韩国期货交易所

资料来源：根据互联网资料整理。

（二）新加坡

新加坡属于资源较为缺乏的国家，其现货市场较为狭小，所以在发展衍生产品市场时，将目光盯住了其他国家的现货市场。新加坡衍生产品市场的发展经历了先期货后期权，先发展利率期货后发展股票指数期货的道路。其发展道路呈现了一种"非专属性"的特点，即选择上市别国的股票指数为期货交易标的的衍生产品，并把继续上市周边国家股票指数为标的的期货、期权合约作为自己的发展策略。

新加坡于 1986 年推出的日经 255 指数期货，是世界上首个别国股指期货合约，此后陆续开发了以周边国家股票指数为标的的期货、期权合约，提供全世界最广泛的亚洲衍生商品种类及全亚洲最广泛的国际衍生商品种类。由于新加坡的时区正好位于纽约和伦敦之间，可以成为衔接美国金融衍生交易和欧洲金融衍生交易的桥梁，因而新加坡交易所和芝加哥商品交易所、国际石油交易所建立了对冲系统。通过对冲系统，在一个交易所交易的合约，可以在另外一个交易所进行对冲，延长了交易时间，提高了市场的流动性。目前新加坡拥有亚洲第二大的场外金融衍生产品市场。

表 2 - 27　　　　　　　新加坡金融衍生产品市场推出历程

	新加坡金融衍生产品市场大事记
1973 年 5 月	新加坡股票交易所（SES）成立
1977 年 2 月	开始进行买方期权交易
1984 年	新加坡国际金融交易所（SIMEX）成立
1984 年 9 月 7 日	SIMEX 已推出欧洲美元和西德马克期货合约
1986 年	SIMEX 开始交易日经 255 指数期货合约
1987 年 2 月	推出新加坡股票交易所自动报价系统（SESDAQ）
1988 年 3 月	SES 与美国的全美证券交易商协会（NASD）建立了双方市场间的一个连接机制，促成了部分纳斯达克交易所（NASDAQ）股价和交易信息的传递交流
1993 年 3 月	开始部分证券的卖方及买方期权交易
1996 年 7 月	推出 SES 外国市场指数、SES 主板市场指数、SES 电子股指数
1996 年 10 月	推出商业时报新加坡区域指数（BT - SRI）
1997 年 1 月	推出台股期货
1998 年	推出 MSCI 香港指数期货
1999 年 12 月	SES 与新加坡国际金融交易所（SIMEX）合并为新加坡交易所（SGX），成为亚太地区首个非互助化的综合性证券和衍生商品交易所
2000 年 9 月	SGX 标准普尔 CNX Nifty 印度股票指数期货合约
2006 年 9 月	新华富时 A50 指数期货

资料来源：根据互联网资料整理。

（三）中国香港

香港衍生产品市场的发展经历了一个从商品期货到金融期货及期权，从股权类到货币类再到利率类衍生产品的过程，其发展主要经历了商品期货交易阶段、金融期货筹备阶段、推出恒生指数以及后来的金融类期货期权合约等阶段。

表 2-28　　　　　　　　　　香港金融衍生产品市场推出历程

	香港金融衍生产品市场大事记
1973 年	香港开始发行认股权证
1976 年 12 月	香港商品交易所有限公司成立
1977 年 5 月 9 日	挂牌买卖棉花、原糖、黄豆、黄金期货合约
1982 年 1 月	设立金融期货筹备委员会
1985 年	香港期货交易所有限公司成立,由原来的香港商品交易所易名成立
1986 年 5 月	香港期货交易所(Hong Kong Futures Exchange,HKFE)推出香港恒生指数(Hang Seng Index)期货合约
1990 年 2 月	港元利率期货
1991 年 5 月	工业、商业分类指数
1991 年 9 月	地产、金融、公用事业分类指数
1993 年 3 月	恒生指数期权合约
1995 年 3 月	上市股票期货合约(汇丰、香港电讯)
1995 年 9 月	上市股票期权
1995 年 11 月	日转期汇
1996 年 6 月	长期恒生指数期权
1996 年 9 月	英镑滚动外汇期货
1997 年 9 月 12 日	HKFE 推出恒生香港中资企业指数(红筹股指数)期货合约
2000 年 10 月 9 日	推出小型恒生指数期货合约
2001 年 5 月 7 日	推出 MSCI 中国外资自有投资指数期货
2001 年 10 月 4 日	推出国际股票期货及国际股票期权
2001 年 11 月 19 日	推出三年期外汇基金债券期货
2002 年 5 月 6 日	推出道琼斯工业平均指数期货

资料来源:根据互联网资料整理。

(四)中国台湾

台湾金融衍生产品市场起步较晚,但发展较为迅速,它的发展次序是:先发展互换业务,后发展期货期权;先发展外币利率交换,后发展台币利率交换;先有岛外期指,后有台股期指。台湾期货交易所于 2006 年 3 月 27 日才推出黄金期货。

表 2 – 29   台湾金融衍生产品市场推出历程

	台湾金融衍生产品市场大事记
1961 年 10 月 23 日	台湾证券交易所成立
1982 年 9 月	开放外币利率交换交易
1982 年 11 月	开放台币利率交换交易
1997 年 6 月	台湾证券交易所发行认购权证
1998 年 7 月 21 日	推出第一个期货品种——台湾证券交易所股价指数期货
1999 年 7 月 21 日	推出电子类金融类股价指数期货
2001 年 4 月 9 日	小型台指期货上市
2001 年 12 月 24 日	推出台湾证券交易所股价指数期权合约
2002 年 3 月	台湾证券交易所股价指数期权上市

资料来源：根据互联网资料整理。

三、两类模式的对比

诱致性演进模式背后主要是市场的力量，强制性演进模式背后主要是政府的力量。诱致性演进模式反映了大多数人对风险的偏好，代表了市场对价格波动的风险厌恶态度，这是市场产生衍生产品最朴素的理由，也是最直接的原因。在市场发展到一定阶段后，除了避险需求之外，又产生了投资需求，这些需求导致新产品的出现，丰富了市场职能，优化了市场机制。强制性演进模式借鉴了诱致性演进模式，充分利用了其他国家发展衍生产品的经验，实际上也是为了规避实体经济发展中的市场风险。可见，无论是诱致性演进模式还是强制性演进模式，实质上都是为了促进经济发展，降低价格波动带来的市场风险的影响，以实现规避风险的本质目的，其产生的前提和基础都是交易的标的物有着较为剧烈的价格波动，该价格波动超出了市场的容忍度，市场需要相应的工具来管理风险。所以，交易标的物的价格波动是产生相关衍生产品的前提和基础，没有交易标的物的价格波动，市场不会自动创造出相关的金融衍生产品，即使强行推广，也不可能形成规模。

第三章　金融监管对衍生产品的影响

创新和监管一直处于动态平衡关系之中，互为因果。每一次金融监管的放松都会带来金融创新的大发展，刺激经济进入新一轮的发展和壮大。一旦创新过头，风险累积乃至危机爆发，金融系统又会重回到加强监管的轨道。纵观金融衍生产品的发展历程，正是行走在创新与监管交替上升的路径之中。到目前为止，建设创新与风险的长期稳态系统仍然是国际监管者面临的艰巨任务。各国的监管体系和具体措施不一，但有一点共识：过度监管肯定不利于金融创新，而金融衍生产品作为金融创新的典型和金融发展高级阶段的标志，对监管更为敏感。金融监管法律变迁是探讨金融衍生产品发展历程不能回避的话题。

第一节　金融监管理论简介

一、实施金融监管的理论依据

（一）公共利益理论

20 世纪 30 年代大危机以后，凯恩斯主义取得了经济学的主流地位，主张国家干预政策和重视财政政策，这是金融监管理论快速发展的历史背景。金融监管属于政府管制的分支，政府管制理论的思想灵魂，是福利经济学有关社会福利最大化的理念和市场失灵需要政府进行干预的政策主张。这一时期，金融监管理论占主流的是公共利益理论，也有学者称之为金融社会崩溃论和金融市场失灵论。该理论体系主要是顺应凯恩斯主义经济学对"看不见的手"的自控调节机制的怀疑，认为金融市场同样存在着市场失灵，金融资源的配置不可能实现"帕累托最优"。金融监管作为一种公共产品，其产生和存在的根源是"市场失灵"，管制的目的是纠正或消除市场不完善性，从而增进资源配置效率，促进全社会福利的最大化。这一理论为20世纪30年代开始的严格而广泛的金融监管提供了有力的注解，并成为第二次世界大战后西方主要发达国家对金融领域进一步加强管制的主要理论依据。可以说，20世纪30年代以后发展起来的金融市场管制体系，在西方各国虽然表现形式有所不同，但是大体上都以此理论为依据。例如，日本著名经济学家植草益认为，如果市场机制是完美无缺的，那么国家就没有必要对其进行干预。但是，市场机制并不是万能的，因此国家有必要进行干预。

金融市场失灵主要表现在以下方面：

1. 垄断

在一个特定市场上，当金融机构的规模大到能够使其他金融机构的进入产生高昂的成本时，就具有自然垄断地位。这个"自然垄断者"会限制金融服务量，制定高于竞争市场价格的服务价格，产生价格歧视、寻租等有损资源配置效率和消费者利益的现象，降低金融业的服务质量和有效产出，造成社会福利的净损失。这时就要通过金融监管来消除垄断。

2. 金融信息的不完全与不对称

金融信息具有"准公共物品"之特征，金融市场中存在着众多的信息产生、收集、传导方面的缺陷，如信息的生产者不能消除"搭便车"的自然倾向；金融信息的生产者和消费者之间的信息不完全会导致 Akerlof 的"柠檬问题"，即逆向选择和道德风险问题。所谓逆向选择是指在信息不对称的状态下，市场某一方如果能够利用信息优势使自己收益而使对方受损，那么他就会倾向于与对方签订协议进行交易。具体到金融市场领域，由于贷款人与银行的信息不对称，银行无法对贷款人的管理水平和偿债能力作出可靠的、明确的判断，只能按照所有项目的平均质量来决定其愿意支付的价格。如此，则会鼓励资本流向资质低企业而抑制高资质企业的资本扩张需求。不完全信息的第二个结果是，价格体系不再有效地传递有用信息，从而引起市场参与者较高的信息成本，无法实现信息效率市场的均衡，造成金融市场的低效率。

3. 外部性

对金融业来说，正外部性与负外部性同时存在。一家金融机构的良好经营状况使公众增加对整个金融体系的信心，从而产生对社会信任机制的良好预期。反之，由于金融体系对整个社会经济具有明显的公共特性，其破产的社会成本明显高于金融机构自身的成本。并且，一家银行的破产因"多米诺骨牌效应"会破坏社会公众对其他金融机构的信心，进而产生"挤兑"、连锁性倒闭，导致整个金融系统的崩溃，这就需要通过金融监管来消除这些外部性，保证金融业的稳健安全。

(二) 金融脆弱说

自 Minsky 于 1982 年首次提出"金融不稳定假说"后，金融脆弱性问题引起了广泛关注和争论。该理论学说是从金融机构特别是银行自身的财务特点出发，揭示了金融监管的必要性。Minsky 及其追随者认为，银行的利润最大化目标促使它们在系统内增加风险性业务和活动，导致系统的内在不稳定，因此需要对银行的经营行为进行管制。

从银行体系的传染性和系统风险的角度来看，银行比其他工商企业更容易受到外界影响而失败，银行业也比其他产业更加脆弱，更容易被传染。研究表明，银行由于比较低的资本与资产比率或较高的财务杠杆，如果资产配置给不透明的、非流动的、比较困难的市场，能够为损失提供补偿的空间很小。并且，银行之间的拆借及其支付系统使它们的财务更紧密地缠绕在一起，使得银行的支付困难产生交叉影响，从而使任何一家银行的困难甚至破产都会很快传播到其他银行。另外，银行经营失败涉及的利益相关者众多，所以银行业的确存在着较高的脆弱性和传染性。在存款人与银行之间信息严重不对称的情况下，加剧了公众预期的不确定性。一旦金融恐慌引发挤兑，则很容易出现连锁的"技术性破产"。更为重要的是，由于商业银行等吸收存款的金融机构有货币信用创造功能，在金融体系中占据中心地位，这类金融机构的不稳定会迅速传递，并给整个国民经济带来不利影响。所以，除控制货币供应量的考虑以外，为了金融体系乃至整个国民经济的稳定，需要一定程度的金融监管，限制商业银行等金融机构承担过量风险，以免发生倒闭进而通过连锁反应把金融震荡传递给整个金融体系，确保金融市场在更大程度上的稳定性和效率性。

二、金融监管的绩效理论

长期以来，公共利益理论是金融监管设计与运行的出发点、目标及理论框架，金融监管的重心在于如何防止被管制对象从事可能引发系统风险的冒险行为，以及如何消除被管制对象与管制者之间的信息失衡，最终实现公共利益的最大化。但是，公共选择学派从经济学的分析视角出发，认为政府行为仍然可以从经济人的角度得到解释，政府和政治家并非像人们所想象的那样是社会利益的代表，他们有自己的利益和自己的效用函数，并且与社会公共利益有着很大差异。公共选择学派理论的传播，使人们逐渐认识到传统管制理论的不足，经济学家开始反思政府依据福利经济学的理论对微观经济进行管制的实际作用，政府管制作为一种制度安排，能否以及如何实现对金融市场的有效管制，则成为经济学家关注的重点。这一理论具体表现为以下三种质疑金融监管的学说。

（一）政府掠夺说

政府掠夺说指出，任何管制和监管都是由政府推行的，都是由政治家一手策划的。因此，政府和政治家的行为模式是解释金融监管产生的关键。政府之所以对金融业进行管制，其直接目标不是"金融脆弱说"或"社会公共利益说"宣称的那样，弥补各种市场失灵、为经济增长打下宏观经济基础、保护存款者的利益、防止各种金融风险的传染以及保证金融体系的管制和资源配置效率的最优等，而是自身收益（政治收益和经济收益）的最大化。这体现在：第一，政府垄断货币发行权能扩张政府可支配的资源，利用多发行货币对财政赤字进行融资；第二，实施法定准备金制度是为了获取潜在的存款"税收"；第三，政府实施的其他管制，在于为政府创造干预经济的借口，以扩张权力的范围，同时为获取租金创造机会。例如，对银行业务和市场准入的限制，可为政府创造向银行获取额外收益的机会。

（二）政府寻租说

寻租理论最早是由克鲁格于1974年提出的。狭义的寻租活动是指利用行政法律手段来阻碍生产要素在不同产业间的自由流动、自由竞争以维护既得利益的行为。在他们看来，政府严格的准入限制、繁琐的审批程序以及各种各样的收费规定使政治家和行政官员获得了寻租的可能。因为金融监管也是一种稀缺资源，掌握这种稀缺资源便意味着政府拥有了对金融资源进行配置的权力，利用这种权力就有了寻租机会。一方面，由于获取"租金"可增加政府及其工作人员的收益，金融监管部门可能会积极地寻租、设租；另一方面，被管制对象为了获取有利于自身利益的管制，也乐于向管制者支付租金，进而破坏了市场竞争的公平和效率。即使在有组织的消费者团体的影响下，管制者真的想提高社会福利水平，也往往由于自身能力的限制而极少获得成功。因此，政府管制的范围越小越好，即便在其最低限度之内，也难以保证干预的结果是无效甚至是有害的。

（三）政府俘获说

私人利益理论产生的早期，人们对管制者追求社会公共利益并没有多大的怀疑，只是在社会公共利益上植入管制者的私人利益或部门利益，其研究的前提仍然是如何在私人利益和公共利益之间寻找一个最佳的平衡点。随着研究的深入，一些经济学家开始走向了另一个较为极端的方向，即认为管制者的管制既不是为了其私人利益，也不是为了社会公利，而是为了被管制对象的利益，甚至是某一小部分人的利益。这种极端观点的典型代表是 20 世纪 70 年代发展迅速的"政府俘获说"。政府俘获说又被称为政府管制俘虏理论，最早由施蒂格勒在 1971 年发表的《经济管制论》中提出。施蒂格勒在该文中首次运用经济学方法来分析管制的产生，开创了政府俘获理论。该文的中心论点是：由于立法者和管制机构也追求自身利益最大化，某些特殊利益集团为了逃避市场竞争和保护既得利益，通过"俘获"（Capture）立法者和管制者，使其提供有利于他们的管制。因此，政府管制是适应利益集团的利益最大化需要的产物，一个特定的利益集团能够通过说服政府实施有利于自己的管制政策而把社会其他成员的福利转移到自己手中。由于在政府管制分析中引入了新古典经济学的经济人假设，该理论也被称为管制的政治理论。施蒂格勒提出了两个基本假设：一是政府的基本资源是权力，各利益集团能够说服政府运用其权力为本集团的利益服务；二是管制者是理性的，能够选择使其效用最大化的行为。在这两个假设基础上得到的结论是：随着时间的推移，管制者越来越迁就某一部分被管制对象的利益，越来越忽视社会公共利益，最终成为这一小部分被管制对象利益的代言人，成为少数人"合法地剥夺"多数人的制度守护者。施蒂格勒还通过大量实证研究，证明管制通常是产业自己争取来的，管制的设计与实施主要是为受管制产业的利益服务。

上述三种理论都认为，政府的金融监管在大多数情况下是失败的，是带有政府私利的。一方面，政府为了自身利益，过多管制金融机构的金融活动，进一步增加了市场中寻租的机会，破坏了市场的正常竞争秩序，这就不利于金融的长期发展。另一方面，由于利益集团为了自己的利益会采取各种手段影响政府的金融监管政策，故而政府通常最终被"俘获"，其所制定和实施的金融监管往往会被少数既得利益集团所左右。

由此可见，私人利益理论与公共利益理论针锋相对，坚决反对金融监管具有公共利益目的的主张，为现实中的管制失灵提供了理论解释。因此，这些理论的兴起和发展增强了反政府管制的倾向，导致20世纪70年代以后西方国家的放松管制运动。

三、管制收益—成本说

管制收益—成本说认为，金融监管像所有经济生活一样，都有成本和收益。如果金融监管耗费的资源成本大于实现管制目标后的收益，则实施管制是不合算的。该理论把管制成本分为直接资源成本和间接效率损失两大类。直接资源成本包括行政成本和守法成本。其中，行政成本是指管制者执行监管过程中所耗费的资源，守法成本是指被管制对象遵守条例而耗费的资源。管制的间接效率损失是指因被管制对象改变原有的行为方式而造成的福利损失，这种成本不表现为政府预算支出的增加，也不表现为个人直接负担的成本加大，但整个社会的福利水平却因而降低。金融监管导致的第一种间接效率损失来自道德风险。例如，存款保险制度的存在，一方面，使储户对银行的选择变得很不谨慎，储户根本没必要对其存有资金的金融机构的状况进行监督，他们所需要衡量的唯一因素就是收益率的最大化，哪一家银行能为他们提供最高的收益率，他们就把钱存进哪家银行；另一方面，存款保险制度解决了银行经营失败对储户存款的清偿问题，无形中纵容银行去从事风险更大的投资。再如，设立最后贷款人的初衷在于缓解商业银行的流动性风险，帮助其平稳渡过难关，但却导致商业银行缺乏审慎经营的恰当动机，由此产生道德风险。第二种间接效率损失来自管制有可能削弱竞争，导致静态效率的损失。第三种效率损失是有可能妨碍金融中介的创新，导致动态效率的损失。第四种效率损失来自过于严厉的管制有可能促使金融机构重新安排其从事业务的地址，从而使守法成本最小化，进而造成本地区或本国利益的损失。

如果说风险管理和追逐利润是金融衍生产品发展的种子，那么，金融监管的放松就是金融衍生产品发展的土壤。下面我们简要回顾美国、英国和日本的金融监管和创新发展历程。

第二节　美国金融监管体制的发展历程

一、20 世纪 30 年代前，自由竞争时期的美国金融监管

1781 年，美国第一家商业银行——美洲银行（Bank of America）在宾夕法尼亚州成立，标志着美国现代金融业的诞生。随后纽约银行等本土商业银行在各州相继成立，以银行业为主导的美国金融业迅速

壮大起来。但由于恶劣的政治环境、严重的通货膨胀和经营不善，银行倒闭屡见不鲜，系统性、区域性的金融危机频繁发生。建立统一有效的银行监管体系成为当务之急。1913年联邦政府颁布《联邦储备法》，成立联邦储备委员会（Federal Reserve Board，简称美联储）并下设联邦储备银行，建立了联邦储备体系。《联邦储备法》作为美国历史上第一部中央银行法，标志着美国现代金融监管制度的诞生。

这一时期金融监管的另一重大进步是建立专门的银行业监管机构。19世纪60年代初，美国联邦政府认识到集中金融监管的紧迫性与必要性，经过长时间的讨论与协商，国会先后于1863年与1864年颁布了《国民通货法》与《国民银行法》两部法案（后统称为《国民银行法》）。《国民银行法》被公认为世界上第一部将金融监管制度法律化的法案，其主要内容包括：一是成立由联邦政府颁发营业执照的国民银行，建立国民银行体系。二是建立全面监管国民银行注册、经营等方面的专门机构即货币监理署（Office of the Comptroller of the Currency，OCC）。三是为遏制滥发银行券现象，制定向发行银行券的州立银行征税的制度。但是，自由竞争时代的美国金融业仍面临着激烈而无序的市场竞争和风险频发的局面。

二、20世纪30年代到70年代，大萧条时期后的严格金融监管

1929年至1933年的经济危机导致美国金融体系和金融监管体系几近瘫痪。为应对大萧条，以1933年罗斯福的上台和《格拉斯—斯蒂格尔法》的出台为标志，美国进入了政府全面干预经济的时代。《格拉斯—斯蒂格尔法》建立了严格的金融监管框架：一是将投资银行业务和商业银行业务严格区分开来，美国金融业分业经营的模式由此奠定。二是为了提高银行信用度以及弥补州立银行监督缺失而成立联邦

存款保险公司（FDIC）。三是制定"Q 条例"，设置定期存款利率最高限额，禁止对活期存款支付利息，以避免商业银行间的恶性竞争，提高安全性。四是禁止商业银行组织发行基金，这也是分业经营原则的延伸。随后颁布的《1935 年银行法》是对《格拉斯—斯蒂格尔法》的补充，其内容包括进一步明确中央银行职能；加强联邦储备体系的功能；将分散的中央银行业务决策权集中到联邦储备委员会；将"Q 条例"中储蓄存款利率上限以及禁止对活期存款支付利息的要求扩充到非会员银行范畴等。上述两部法案构成了随后四十年美国金融监管体系的基本格局。

在证券业监管领域，联邦政府也加强了立法工作，其中《1933 年证券法》主要针对一级市场即证券发行市场，从发行申请必须在联邦政府登记，到上市公司相关信息披露以及财务报告定期审计，再到对证券发行欺诈行为的处罚等，在证券发行各环节都有着较为详尽的规定。《1934 年证券交易法》则主要针对二级市场。该法案最重要的贡献之一是建立了分业经营后的证券业最高监督机构——美国证券交易委员会（SEC）。SEC 的成立为证券一级市场与二级市场的正常运行与发展起到了有力的监督管理作用，弥补了证券领域的监管真空。此外，该法案对操纵股市、内幕交易以及证券信用贷款额度都制定了较为严格的惩罚机制和约束。作为以上两部证券法的补充法案，此后颁布的《1938 年马洛尼法》和《1939 年信托契约法》进一步强化了 SEC 的监管地位，将场外交易市场以及债券发行纳入 SEC 的监管范畴并在细节上作了较为详尽的规定。以上四部证券监管法案构成了美国证券监管体系的基础，为美国证券业在随后几十年中的迅速发展提供了有力保障。

在保险领域，监管主体仍旧为各州保险监管机构，但在吸取大萧条教训的基础上，各州保险监管机构监管力度不断加强，制定了严格的保险条例。其中针对新成立的保险公司，其保险费率、保险险种、合同条款等必须通过保险监管机构的审批程序。同证券监管相近的是对于保险公司的信息披露、财务报表审计等方面也作了严格的规定，从而使保险业平稳发展。

大萧条使美国金融业进入分业经营和严格监管时代。美国金融监管的理念也由主张自由发展和政府不干预走向管制、限制过度竞争。这一时期金融创新受到了压抑。

三、20 世纪 70 年代到 80 年代，再次放松金融监管时期

1973 年，布雷顿森林体系解体，两次石油危机更将美国经济带入"滞胀"的泥淖。崇尚经济自由主义的货币学派逐渐开始引领美国经济的脚步。严格的金融监管也在这时遭到质疑，被认为在很大程度上抵消了商业银行的竞争优势。例如，伴随 20 世纪 70 年代以后的高通货膨胀，商业银行存贷差不断减小，成本急速上升，而"Q 条例"规定存款利率上限，并禁止向活期存款支付利息，导致短期债券的利率远远高于储蓄存款利率，大量对流动性需求较高的资本流向短期票据、债券、股市等，"脱媒现象"十分严重。商业银行之间以及商业银行与其他非银行类金融机构之间的竞争日趋激烈，为规避"Q 条例"产生了大量金融工具，如货币市场共同基金、NOW 账户、超级可转让支付命令账户（SNOW）等，从而产生了监管真空。有鉴于此，传统的"危机防范式"金融监管理论被抨击，新的理论主张应当将监管重点放在"运作效率"层面上。受此影响，联邦政府颁布了相关法案，主要包括《汉弗莱—霍金斯法》、《存款机构放松管制和货币控制法》、《高恩—圣杰曼存款机构法》、《公平竞争银行法》等，采取了一系列放松金融监管的措施。

四、20世纪90年代至次贷危机前，审慎监管的回归

20世纪80年代末至90年代初，市场监管环境相对宽松，金融创新层出，金融机构竞争也异常激烈。1990年初，随着"垃圾债券"市场崩溃，美国银行业进入新一轮危机，推动了审慎监管的回归。国会先后颁布了1991年《联邦存款保险公司改进法》、《加强对外国银行监管法》、1994年《跨州银行法》、1995年《金融服务竞争法》以及1999年《金融服务现代化法》。这次改革主要是为了适应国内外经济环境的变化以及金融机构经营管理的内在要求，对联邦存款保险制度进行改革，加强对外国银行的监管，取消银行经营地域的限制等。

五、次贷危机之后，加强宏观审慎监管与消费者保护

次贷危机暴露出金融工具过度复杂、过高杠杆率、过多流动性等多重因素共同作用产生的系统性风险，复杂的金融工具可以降低单体风险，但不能降低系统性风险，当金融机构面临严重的系统性压力时，会产生超乎意料的巨大损失。针对次贷危机显现的金融监管体系问题，美国于2010年7月颁布《多德—弗兰克华尔街改革和消费者保护法案》（以下简称《多德—弗兰克法案》），建立了宏观审慎政策框架，加大系统性风险监管和保护金融消费者的力度：一是设立金融稳定监督委员会（FSOC），负责识别和应对威胁金融稳定的风险，促进市场自律。二是在保持现存监管机构法定授权不变的前提下，强化美联储对系统重要性金融机构的监管职能。三是加强金融市场监管，授权美联储制定系统重要性支付、结算、交收体系的监管标准，并与商品期货交易委员会（CFTC）、证券交易委员会（SEC）共同实施监管。四是建立有序的金融机构破产清算机制，由联邦存款保险公司（FDIC）和美联储等共同负责系统性风险处置，包括大型金融机构的破产清算，

解决"大而不能倒"问题。五是设立相对独立的消费者金融保护局（CFPB），行使金融消费者权益保护职责。其中，《多德—弗兰克法案》第619条即沃克尔规则，对商业银行的自营交易作出明确的禁止。从某种意义上来说，《多德—弗兰克法案》体现了美国向加强金融监管的方向回归。

第三节　英国金融监管体制的发展历程

一、1979 年前，羸弱的金融监管

英国的金融监管体制形成于 1694—1979 年。英格兰银行作为一家私营股份公司在 1694 年成立。1844 年的《皮尔条例》使英格兰银行在货币发行方面凌驾于其他银行之上。《1946 年银行法》授权英格兰银行对其他银行行使监管权，并使其国有化，但是英格兰银行仅仅依靠行业自律和道义劝说实施监管。当时，英国银行业实行二级银行制，一级银行主要是清算银行，是监管的重点，二级银行较少受到监管。1973 年英国银行信用危机爆发，许多银行亏损严重，危机暴露了英国金融监管体系的缺陷。为此，1974 年政府公布了白皮书，规定英格兰银行要行使监管职责，并建立存款保险金等制度。这些规定为《1979 年银行法》的制定奠定了基础。

二、金融监管体制步入法制化、规范化

1973 年到 1975 年"二级银行危机"（Secondary Banks Crisis）在英国大范围爆发，促使《1979 年银行法》的出台。新的银行法严格限定

银行名称的使用，只有符合英格兰银行要求的机构才能被称作"特许银行"，达不到要求的只能称作"特许接受存款公司"；未经英格兰银行特许的金融机构不得吸收存款，经过特许的金融机构必须服从英格兰银行的监管；英格兰银行每年必须向财政部报送特许银行和特许接受存款机构的名单。同时，引入存款保险机制，规定每个账户可得到7500 英镑的存款保护。该法将英格兰银行的监管职能法制化，是英国金融史上的一个里程碑。但是，英格兰银行传统的监管方式并没有改变，直到《1987 年银行法》颁布才拉开了英国依法对金融业全面监管的序幕，英国现代金融监管体制正式确立，标志着英国的金融监管进入了规范化、法制化轨道。

三、"大爆炸"金融监管改革推动金融自由化

1986 年 10 月 27 日，英国推出了《金融服务法》，以立法的形式推动了英国的金融自由化。根据法案成立了证券投资委员会，行使对证券机构和自律组织的监管权。法案的内容包括：取消固定佣金制；将证券经纪商和交易商统称为证券经纪人；简化证券审批手续；允许商业银行、外国银行进入证券市场；实现证券交易的电子化。这次被称为"大爆炸"的金融改革，从根本上改变了英国金融市场的结构，促进了市场的全面竞争。证券市场首先掀起了自由化改革的浪潮，随后，在金融领域出现了混业经营的趋势，包括四大清算银行在内的英国商业银行纷纷涉足证券、保险和信托业，通过收购或开设证券经纪公司开展投资银行业务。

1984 年 10 月约翰逊·马修银行（Johnson Mathew Bankers）倒闭（又称 JMB 事件），对银行监管产生了巨大冲击。JMB 事件促使英国政府对银行法进行了修改，出台了《1987 年银行法》，确立了英国金融监管的法律框架。该法在金融监管方面的主要变化是：第一，放弃了

金融监管的双轨制,将原来的两级银行牌照合为一级,凡是银行,不论其大小,一律要接受严格的监督;第二,增加了英格兰银行对金融机构的人事监督权,建立了对银行股东和经理层的审核程序;第三,赋予英格兰银行向金融机构或经理、大股东索要资料的更大权力,允许英格兰银行向国内外其他监管机构提供有关信息;第四,规定金融机构从事或准备从事风险较大的业务,必须向英格兰银行报告;第五,授权英格兰银行对非法吸收存款的金融机构进行调查,并有权为客户追回存款;第六,增加了社会审计与银行监管之间关系的新条款。《1987 年银行法》进一步充实了英格兰银行的法律基础,但是在监管方式上,仍然保留了其原有的灵活性特点,没有过多地就具体问题作详细、强硬的规定,而是允许英格兰银行拥有了比较广泛的自决权,并为今后金融技术的创新和业务的发展留有足够的余地。

四、至次贷危机前,单一金融监管体制确立

20 世纪 90 年代以来,英国政府开始重视监管制度化、规范化的建设。1997 年以前英国实行集中统一的分业监管,由英格兰银行等 9 家金融机构共同对金融活动进行监管。1997 年,在合并银行监管部门、证券投资委员会和其他金融自律组织的基础上,成立了英国金融服务局(FSA),对全部金融活动进行统一监管。这个单一金融监管体制直到次贷危机发生后才被再次改革。

五、次贷危机后,金融监管体系的重整

次贷危机爆发后,英国总结了监管体制的缺陷,认为三大监管机构(英格兰银行、金融服务局、财政部)缺乏高效的交流与合作,当金融体系出现系统性风险时应对能力不足,而金融体系缺乏宏观审慎政策的逆周期调控和跨市场风险防范。为实现"金融体系的长期稳定

和可持续性"，英国对金融监管体制进行重大改革：一是在中央银行（英格兰银行）董事会下设立金融政策委员会（FPC），负责制定宏观审慎政策，定义、监测和应对系统性金融风险，维护英国金融体系稳定。二是将原金融服务局（FSA）拆分为审慎监管局（PRA）和金融行为监管局（FCA）。三是赋予金融政策委员会"两权"："指令权（Power of Direction）"，即金融政策委员会有权就特定的宏观审慎政策工具作出决策，包括逆周期资本缓冲、差别化资本金要求等，要求审慎监管局或金融行为监管局实施；"建议权（Power of Recommendation）"，即金融政策委员会有权向审慎监管局和金融行为监管局提出建议，监管机构若不执行，需要作出公开解释（Comply or Explain）。四是英格兰银行负责对具有系统重要性的金融市场基础设施进行审慎监管，同时强化英格兰银行处理危机的能力。2010 年，英国成立了以维克斯为主席的银行业独立委员会（ICB），该委员会于 2011 年 9 月向国会提交了对英国银行业进行结构化改革的建议，即维克斯报告，该报告提出"栅栏原则"（Ring – fencing），用"栅栏"保护本国零售银行，减少遭受外部冲击和风险传染的可能性。

第四节　日本金融监管体制的发展历程

一、1970 年前，极其严格的金融监管

1927 年日本《银行法》规定大藏省对金融业全面监管，大藏省依照分业经营的原则，严格市场准入，限制银行竞争。20 世纪 30 年代到 40 年代，日本的金融监管基本为战争需求服务，采取金融统制制度。1937 年，日本政府制定了《临时资金管制法》，金融机构信贷资

金的用途受到严格控制。1941 年公布了《金融基本方针策略纲要》，开始了全面的金融统制。1942 年，日本政府修改了《日本银行法》，将日本银行由原来的股份制公司变更为特殊法人，使其完全成为实施国家政策和任务以及满足战争需求的工具。除此之外，日本政府还建立了专门的金融统制制度的执行部门，如"金融统制会"、"战时金融金库"等。第二次世界大战结束后，日本的金融监管目标调整为服务于日本经济复兴。日本政府开始建立政府金融机构以及长期信用银行，包括日本输出入银行、日本开发银行以及由民营化转为长期信用银行的日本兴业银行等，这些措施不仅确立了日本以间接金融为主的金融体系，也为日后政府直接干预金融机构提供了有效途径，是日本主银行制①的体现。这一时期的监管制度核心是限制竞争，日本在机构准入、业务范围、存贷款利率和外汇交易等方面作出了严格的限制。这些监管制度虽然能够保证金融市场的稳定，阻止银行的倒闭，保证存款者的利益，但也降低了金融机构的创新意识，进而导致较低的金融市场效率。这种金融监管体制逐渐变成阻止日本经济发展的桎梏，为经济危机的爆发埋下了"种子"。

二、1970 年到 1990 年，逐步放松金融监管的时期

20 世纪 70 年代后，日本构建了专业化的金融机构体系，包括城市银行、都市银行、外汇金融机构、长期信用金融机构、中小企业金融机构、农林渔业金融机构等，以满足各个领域的发展需求。但这些

---

① 主银行制度是指公司以一家银行作为自己的主要贷款银行并接受其金融信托及财务监控的一种银企结合制度。在主银行制度下，一家企业的全部或大多数金融服务固定地由一家银行提供。与此同时，主银行对企业拥有相机介入治理的权利，甚至可以持有企业的股份，包括有投票权的股份。这是日本在第二次世界大战后以间接金融制度为基础，以集团企业为范围，在银行和企业之间形成的一种长期稳定的交易关系。

机构利用自身的专业性和政策性优势，垄断经营，降低了社会利用资金的效率并超额贷款，影响了日本经济的发展。同时由于国际金融自由化趋势越来越明朗，日本的故步自封导致国内外资本无法自由流动，也影响了日本金融市场的发展，产生了制度变革的迫切需求。

日本政府于 1973 年采用浮动汇率制。1978 年，日本政府采用公开招标的方式发行中期国债，其利率自由竞价，这是利率自由化的开始。日本于 1980 年颁布和实施了《外国汇兑及外国贸易管理法》，促进了资本市场交易的自由化。1981 年的《银行法》规定日本银行业可以从事国债交易业务，银行开始多元化经营。大藏省在 1983 年批准日本证券业可以从事国债担保金融业务。1984 年，日本大藏省发表了《关于金融自由化及日元国际化的现状与展望》，其中金融国际化改革的措施包括允许日元与外币自由兑换。通过金融监管的放松，日本实现了利率、汇率和金融机构多元化经营的三大突破。

三、日本的"金融大爆炸"改革

1996 年，日本首相桥本龙太郎提出，用 5 年（1997—2001 年）时间完成"金融大爆炸"改革，主要内容包括：修改《日本银行法》，增强中央银行的独立性，减少对金融机构的保护，提高其风险意识、自律意识；修改垄断法，允许金融机构组建金融控股公司，由此打破金融机构的严格分界，分业经营变为兼业经营；加速金融自由化进程，解除对金融控股公司的禁令，放宽对银行业、证券业、保险业的限制；优化金融监管，在改革现有金融监督机构的基础上，进一步加强检查、处分机制等。

第五节　金融衍生产品创新的两个必要条件

第二次世界大战以来，特别是 20 世纪 60 年代以后，布雷顿森林体系解体、汇率自由化、两次石油危机以及美国经济出现通货膨胀，导致全球金融体系经历了多次巨幅的震荡，以规避管制、避险逐利为目的的各种金融创新层出不穷，见表 3 – 1。

表 3 – 1　　　　　第二次世界大战后主要金融创新的时间

	金融创新的内容
20 世纪 50 年代	欧洲美元市场的形成
20 世纪 50 年代末	外币掉期
20 世纪 60 年代初	出口信用保险 平行贷款 可转换债券
1961 年	可转让存款证
1963 年	首次发行 1500 万美元欧洲债券 美国利息平衡税导致欧洲货币市场的发展
1966 年	美国银行业推出大额存单
1968 年	美国政府全国性抵押协会（GNMA）成立
1969 年	美国政府全国性抵押协会转手证券推出
20 世纪 60 年代末	混合账户 出售应收账款
1970 年	欧洲货币市场出现浮动利率票据 建立美国联邦房屋贷款抵押协会 国际货币基金组织推出特别提款权
1971 年	美国建立证券交易和自动报价协会

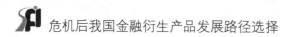

续表

	金融创新的内容
1972 年	芝加哥期货交易所国际货币市场推出货币期货 纽约证券交易所对 50 万美元指令使用协议利率 欧共体建立蛇行浮动汇率体系 可转让支付命令账户（NOW）推出 芝加哥期权交易所成立 外汇远期
1973 年	出现第一张美国浮动利率票据 出现第一手利率期货
1974 年	智能卡出现
1975 年	芝加哥期货交易所推出国债期货
1976 年	建立与证券交易相连接的市场间交易系统
1977 年	自动转账服务（ATS）
1978 年	欧洲货币体系建立 用债务权证发行债券（瑞士）
1979 年	贴现发行债券
1980 年	IBM 与世界银行进行利率掉期
1981 年	票据发行便利 利率互换 证券交易自动报价与市场间交易系统联网 国债期货期权
1982 年	股票指数期货 可调整收益率的优先股 动产抵押债券 标准普尔指数期权
1983 年	自动取款凭证 货币市场优先股

续表

	金融创新的内容
1984 年	欧洲货币期货期权 保险公司推出欧洲债券 远期利率协议 限顶浮动利率票据 非美元零息票据
1985 年	变动期限票据 零息可转换债券 免损权证 桥贷（或内贷）票据
1986 年	流动收益期权（由美林证券公司推出） 两年一次利息支付债券 混合浮动利率欧洲票据 抵押债券 剥离的美国抵押背书证券 剥离的美国市政公债 欧洲中期债券 美国 1987 年《公平竞争银行法》 中国实行保值储蓄
1987 年	美林证券公司推出组合型可转换抵押债券
1988 年	债券期权期货
1990 年	发行人民币 B 股
1991 年	中国企业在香港发行 H 股
1992 年	股票弹性期权 日本出现信用违约掉期
1993 年	恒生指数期权 债券弹性期权

续表

	金融创新的内容
1994 年	货币弹性期权 香港债务工具中央结算组（CMU）成立 法国推出强化收益型流动资产掉期
1996 年	中国统一的银行同业拆借市场建立
1997 年	美联储允许银行控股公司证券收益限额从 10% 上升到 25%

资料来源：根据互联网资料整理。

　　与上述阶段相比，美国的经济金融体系在 20 世纪 30 年代的大萧条中同样遭受巨大打击，道琼斯工业指数从最高的 381.17 点跌到 41.22 点，跌幅近 9 成（见图 3 - 1），金融风险巨大，投资者避险需求应该非常强，但当时并没有产生很多金融创新，这有资产定价理论不成熟、信息技术不发达等客观原因，但我们认为当时非常严厉的金融监管措施也是重要原因之一。美国在 30 年代开展了如本章所述史无前例的严格的金融监管，导致金融创新丧失了应有的环境和土壤。

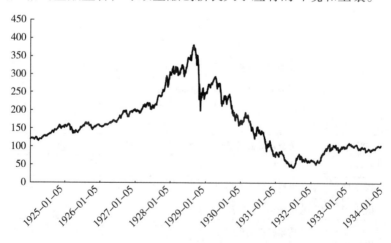

资料来源：Wind 资讯。

图 3 - 1　道琼斯工业指数大萧条前后走势图

从 20 世纪 70 年代开始，联邦政府通过颁布相关法案的形式，采取了一系列放松金融监管的措施，主要包括以下内容。

一是 1978 年颁布《汉弗莱—霍金斯法》。该法案修正了《联邦储备法》部分条款，重新规定了美国经济的目标，包括经济增长、充分就业、物价稳定、国际收支平衡，使经济发展目标更加全面系统化，以促进美国经济平稳发展；进一步明确了美联储的法律地位，使其在美国经济体系中的地位进一步提升。

二是 1980 年颁布《存款机构放松管制和货币控制法》。该法案是美国金融监管从严格到放松的重要转折点，也是继大萧条引发的金融改革后最重要的银行变革法案。主要内容包括：第一，逐步取消非活期存款利率上限限制以及放松对贷款利率的限制，从而大大缓解了"脱媒现象"的进一步蔓延。第二，提升联邦存款保险公司对单个储户保险限额，由 4 万美元提升到 10 万美元，从而进一步提升了商业银行等存款机构的信用度。第三，将美国全部存款机构的监管都纳入联邦储备委员会的监管范畴，统一美国各类存款机构准备金制度，增强了美联储推行货币政策的力度，促使美国金融体系更加系统化。

三是 1982 年颁布《高恩—圣杰曼存款机构法》。该法案是对 1980 年《存款机构放松管制和货币控制法》的补充，主要内容包括：扩大存款机构表内业务的范围；在负债业务上允许使用回避"Q 条例"的相关金融工具；在资产项目上允许储蓄机构有条件地从事商业信贷和消费信贷业务，增加其证券投资权，允许储蓄机构投资于政府债券。该法的颁布使以商业银行为主的存款机构的竞争力得到提升。

四是 1987 年颁布的《公平竞争银行法》。针对存款类金融机构之间恶性竞争，竞相提高利率，不断抬高资本成本，从而使得大量储蓄机构亏损的情况，该法规定：成立金融公司，并授权设立一个 108 亿美元的再资本化债券计划以帮助联邦存款保险公司；要求联邦住房贷款银行对经济萧条地区处境困难的储蓄机构放松对待；对存款机构的经营行为进行了进一步明确，但并未改变放松管制的主体趋势。

上述金融监管的放松导致美国的金融创新如雨后春笋般迅速发展起来。从日本的金融产品创新历程也可以看到放松监管是衍生产品发展的要素之一。

日本股指期货市场的产生有比较典型的代表意义。1986 年 9 月 3 日，日经 225 指数期货在新加坡金融期货交易所（SIMEX）交易。日经 225 指数期货刚推出时，日本管理部门禁止本国金融机构利用它来从事股指期货交易，但海外机构投资者可以利用它对其投资于日本的股票进行套期保值，日本本国金融机构处于不利位置，日本大藏省对股市的监管也处于不利地位。1987 年 5 月，日本被迫允许本国投资者使用 SIMEX 的日经 225 股指期货合约。1987 年 10 月 20 日上午，日本证券市场卖盘远大于买盘，交易刚开始即达到跌停板，交易者无法卖出股票，而 SIMEX 却能够继续交易期货合约，国际金融市场提供了一种绕过日本证券市场管制的方式。在这种背景下，1988 年 5 月，日本修改了证券交易法，修改后的证券交易法允许股票指数和期权进行现金交割，当年 9 月大阪证券交易所开始了日经 225 指数期货交易。

1990 年，日经指数冲高回落，房地产经济崩溃进一步加速股市下跌，金融泡沫破裂，日经 225 指数期货被日本社会舆论指责为"股灾"的罪魁祸首。迫于压力，大阪交易所对原有交易规则作出更多限制，例如，数次提高保证金比例，委托保证金比例从 9% 上升至 30%，交易保证金比例从 6% 上升至 25%；数次提高交易手续费率，从万分之四上升至万分之八；其他限制有缩短交易时间、增加信息披露要求等。

新规则导致日经 225 股指期货实质性"停摆"，但丝毫未缓解日经指数继续大跌，社会舆论将矛头转向日经 225 指数的合理性上。1992 年底，日本大藏省发布《股指期货应有的状态》，1993 年发布

《关于改进股指期货交易的政策》，这两个文件的核心内容是指导编制日经300指数并推出日经300指数期货，以此取代日经225指数期货。此后指数与期货相继推出，但并未对日本股市起到任何挽救作用，相反被新加坡抓住机会，大力发展日经225指数期货，成为日本股票市场唯一有效的风险对冲工具。至今，新加坡市场的日经225指数期货交易量依然占该品种全球交易量的10%以上。

1994年，日本大藏省意识到在股指期货政策上犯了错误，开始逐步放开对日经股指期货的金融监管，到1997年逐渐恢复到了危机前的市场环境，1999年后，又进一步在交易费用等方面继续放开，促进市场活力，日本的股指期货市场才逐渐回复正规，在国际上逐渐挽回一席之地。

从日本股指期货的历史经验和教训可以看出，金融监管直接影响到金融创新，直接影响到金融衍生产品的推出和发展。我国金融发展和改革的经验同样能够说明，金融监管放松是市场活跃和创新的重要前提之一。例如，我国人民币汇率机制的形成和完善与金融市场的创新活跃度高度相关。人民币汇率机制改革自2005年7月开始，已有10年，我国基本形成了以市场为基础的、参考一篮子货币进行调节的、有管理的浮动汇率制度。十年来有管理的浮动汇率制度不断完善，市场供求因素对汇率的决定性影响明显提高，人民币兑美元汇率波动幅度不断加大。2014年3月15日中国人民银行发布公告，宣布自2014年3月17日起，银行间即期外汇市场人民币兑美元交易价浮动幅度由1%扩大至2%，外汇指定银行为客户提供当日美元最高现汇卖出价与最低现汇买入价之差不得超过当日汇率中间价的幅度由2%扩大至3%。在这之后，人民币兑美元即期汇率几乎每日都会突破1%的波动区间，最大波幅接近2%。2014年被市场视为人民币双向波动的"元年"。2015年7月中旬，国务院出台七大措施提振外贸，提出完善人民币汇率市场化形成机制，扩大人民币汇率双向浮动区间。2015年8月11日，中国人民银行调整人民币中间价形成机制，并在此后的三个交易日内完成了中间价与市场汇率的点差校正。此举被市场视为中国政府把汇率价格形成机制归还市场的一个巨大进步，是政府对汇率管制放松的重要体现。这一系列人民币汇改过程均反映了中国政府对外汇管制的放松，与此对应的也是金融市场相关衍生产品交易的活跃和飞速发展。根据上海银监局统计数据，上海辖内商业银行的人民币外币期权名义本金金额伴随着金融监管的放松呈现出飞跃式发展，两年间增加了688%。

表3-2　　　　上海辖内商业银行人民币外币期权名义本金金额

单位：亿元人民币

日期	2013年12月	2014年3月	2014年6月	2014年9月	2014年12月	2015年3月	2015年6月	2015年9月	2015年12月
金额	495.32	704.96	849.28	1803.88	2008.33	3083.60	3402.52	3471.68	3902.91

资料来源：上海银监局统计数据。

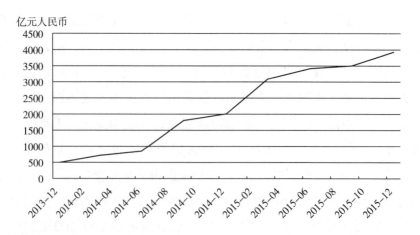

资料来源：上海银监局统计数据。

图3-2　上海辖内人民币外币期权名义本金金额变化图

通过上面的案例，我们不难看出每一次金融创新的高潮无不是金融监管放松和市场化力量蓬勃发展共同的结果，二者缺一不可。次贷危机后，各国加强金融衍生产品监管的各种措施对复杂的、结构化的产品发展必有影响，但基础的、简单的金融衍生产品在制度和基础设施进一步优化的条件下，规模并没有受到抑制，反映了市场的需求和金融衍生品真正的价值。目前加强金融衍生产品监管的各种规则建设，并不是重走严格监管的历史老路，不是简单地回归，而是对其问题、风险有更加深入认识之后的优化举措。尽管《多德—弗兰克法案》被称为 21 世纪的《格拉斯—斯蒂格尔法》，但并非直接恢复《格拉斯—斯蒂格尔法》的相关法律条文，对金融自由化趋势大动干戈。相反，该法案几乎完全认可了美国金融体系自 20 世纪 70 年代以来的一系列变化，只是调整监管架构和监管规则，使之适应金融体系的新变化，更好地管理因金融体系变化带来的新风险。英国的维克斯报告所提"栅栏原则"不同于彻底分业，事实上也是认可了"金融大爆炸"的金融体制自由化改革，只是在监管架构和监管方式上进行了调整。

　　另一方面，由于利益集团的游说，有关监管规则的约束实质上有所弱化。《多德—弗兰克法案》允许银行为了对冲风险而进行交易，修改后的沃尔克规则允许大型银行从事证券和衍生品交易，前提是这些交易是为了满足"客户、零售客户或交易对手的短期需求"，但是，自营交易界线的定义仍然是模糊的，游说者正在试图推动监管部门扩大"客户驱动型"业务的定义范围。规则还允许大型银行参与外汇衍生品和高级别的信用违约互换交易（CDSs）。华尔街的游说者已经成功为银行赢得了高达资本 3% 的交易额度豁免，这对大型银行来说是十分巨大的数额。在英国，银行业独立委员会（ICB）主席约翰·维克斯爵士和英国央行前行长默文·金声称，ICB 改革中某些要素的影响力由于游说已经弱化。例如，ICB 提出的 4% 的杠杆率已下降到了3%；被围栅分离的银行将可以开展利率和货币互换等特定衍生品交易，而小银行将完全不必遵守分离要求。

综上所述，次贷危机之后的金融衍生产品监管改革和市场趋势表明，在市场功能与有效监管之间寻找平衡点，以及市场力量与监管博弈的规律没有改变。

第四章　发展我国金融衍生
产品的路径设想

在前面三章中，我们按产品和国别的维度，考察了各大类金融衍生产品发展的一些必要条件，也回顾了金融衍生产品发展较快、市场相对成熟的几个国家的金融衍生产品发展历史，并考察了各国的金融监管发展历程。金融衍生产品发展历史与 2008 年次贷危机引发的国际金融危机说明：第一，金融衍生产品在社会经济生活中具有双重性（巨大的建设性和可怕的毁灭性），全球的监管者都在探索新的监管方式以发挥其正向功能，抵制负面效应。第二，即使爆发次贷危机，金融衍生产品的对冲风险、发现价格、配置资源等功能仍不能否认，市场在危机后较快复苏。第三，场外衍生产品规模与风险均高于场内衍生产品，是监管治理的重点。第四，政府和监管部门对金融衍生产品市场的作用很重要，在坚持发挥市场机制决定性作用的同时，强制型变迁是金融衍生产品发展的重要动力，政府能够创造有利于金融衍生产品发展的环境，包括监管规则、监管方法、交易和清算基础设施、金融安全网等。第五，中国的金融衍生产品市场仍处于初级阶段，主要任务是在风险可控的前提下发展。根据金融危机后的国际共识，中国在发展金融衍生产品市场时要高度重视场外衍生品的风险，充分吸取国际教训，提早做好防范系统性风险的基础建设，包括中央交易对手机制的建设。简而言之，中国需要发展金融衍生产品市场，同时相关的制度设计和制度诱导必须符合市场需求以及风险监管的原则。

经过 20 多年的发展，各大类金融衍生产品在我国均已名义上存在，都设立了或者曾经设立过相关交易品种，但发展很不均衡：信用类衍生产品市场基本处于空白状态；权益类衍生产品，以股指期货为例，还在发展过程中，出现新的挑战和问题；商品类衍生产品发展较好，个别品种甚至对国际价格有着举足轻重的影响。同时，市场缺乏深度，交易品种、成交数量、交易者数量和中介机构的专业化程度都不够。总结国际金融衍生产品发展历史，我们认为衍生产品发展至少有两个核心必要条件：第一，金融衍生产品的基础资产（Underlying Assets）交易活跃，波动率较大，市场有避险或者逐利的需求；第二，金融监管环境相对宽松，政府支持金融创新，对创新持较为积极的态度。

戈德史密斯在《金融结构和金融深化》中认为："必须建立一个框架，将某一个时点上一国金融结构中最重要的特征即决定因素减少到有能力观察研究的数目……这一框架将揭示出两个时间点之间的结构变化，即金融发展的决定因素。"同时，他认为："这些规定因素应当满足五项条件：第一，它们必须是可测度的；第二，各项决定因素均应当表现出合理性和规则性，它们通常反映长期趋势；第三，它们所涉及到的各个单位以及与一国的金融过程和结构在经济上应该有关联；第四，不应该拘泥于个别观察家关于某些金融关系特征的意见，也就是说，方法上必须相当灵活，以利于探讨有关金融行为的各种各样的假象；第五，它们应该适用于各类截然不同的金融结构，否则，就无法对不同时期、不同地区、不同类型的金融结构进行比较。"我们参考戈德史密斯的量化方法，利用国际经验归纳得到的发展路径的两个核心必要条件，即衍生产品的基础资产波动情况和金融监管环境情况，建立衍生产品发展路径模型。

假设第 K 类衍生产品的发展系数为 D_K，则

$$D_K = \Phi(\alpha_K, \rho_K)$$

式中，α_K 为第 K 类衍生产品的基础资产波动系数；ρ_K 为金融管制环境系数。

按照国际通用分类，衍生产品分为商品类、汇率类、股权类、利率类和信用类，用集合 $\{D_1, D_2, D_3, D_4, D_5\}$ 表示上述五类衍生产品的发展系数，开展量化分析。

第一节　基础资产波动系数

一、商品类

我们选用商品期货市场综合性指数作为商品类衍生产品的基础产品，这里以南华商品指数[①]作为目标样本，图 4 – 1 是南华商品指数的波动情况。

我们用南华商品指数每日收盘价的标准差系数 $V\sigma$ 来反映波动情况：

$$V\sigma = \sigma / \bar{x} \times 100\%$$

---

① 南华商品指数研究历史悠久，从最初的价格型指数到投资型指数，南华商品指数研究经历了质的飞跃。2008 年南华期货研究所推出第二代投资型指数，是国内第一家推出二代指数的研究机构。第二代南华商品指数已经经过了近 4 年的运行，实际结果表明，南华商品指数具有强烈的表征作用，特别是在揭示经济运行拐点时，通常领先于生产者物价指数（PPI），可以作为PPI 的先行指标，为宏观经济提供预警信号。该指数还可为广大投资者、研究机构提供一个更加科学的、合理的、有效的期货投资收益参考基准，并可作为开发商品指数 ETF 基金、商品指数期货等衍生产品的标的，满足投资者快速参与商品市场、对冲相关风险、套利交易等资产配置的需要。

式中，σ 为标准差；$\bar{x}$ 为平均数。样本数据集为 2008 年到 2015 年[①]的南华商品指数的每日收盘价。由此可以计算得到：

$$\alpha_1 = V\sigma_{南华商品指数} = 15.94\%$$

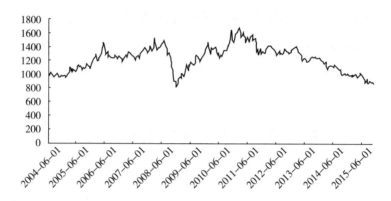

资料来源：Wind 资讯。

图 4 - 1　南华商品指数走势

二、汇率类

我们选用人民币无本金交割远期外汇（NDF）市场作为汇率类衍生产品的基础产品，选取了 NDF 市场中一个月期的美元兑人民币汇率作为目标样本，图 4 - 2 是 NDF 中美元兑人民币汇率的波动情况。

我们用美元兑人民币汇率的标准差系数 $V\sigma$ 来反映波动情况：

$$V\sigma = \sigma/\bar{x} \times 100\%$$

式中，σ 为标准差；$\bar{x}$ 为平均数。样本集为 2008 年到 2015 年一个月期的 NDF 的美元兑人民币汇率。由此可以计算得到：

$$\alpha_2 = V\sigma_{一个月NDF汇率} = 4.10\%$$

[①]　为了兼顾数据的可得性和可比性，本章相关指标选择了 2008 年到 2015 年之间的数据作为计算基础。

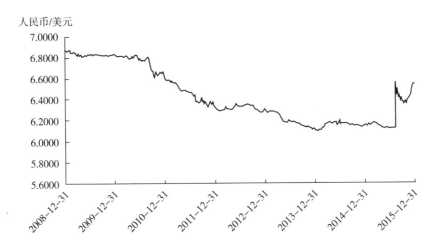

资料来源：Wind 资讯。

图 4 - 2　一个月期 NDF 的美元兑人民币汇率走势

三、股权类

我们选用我国股票市场作为基础产品，选取了上证指数、深证指数和沪深 300 指数作为目标样本，从图 4 - 3、图 4 - 4 和图 4 - 5 可以看到这三个指数的波动情况。

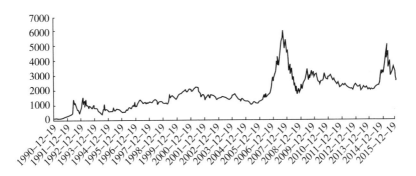

资料来源：Wind 资讯。

图 4 - 3　上证指数走势

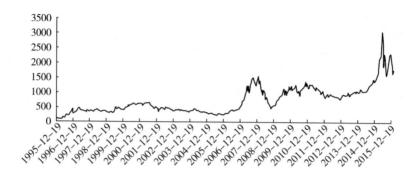

资料来源：Wind 资讯。

图 4 - 4　深证指数走势

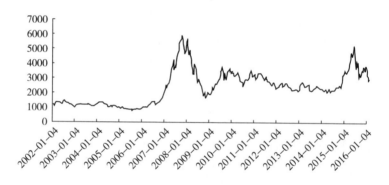

资料来源：Wind 资讯。

图 4 - 5　沪深 300 指数走势

综合考虑沪深两个证券市场的规模、影响力及指数编制规则，选用沪深 300 指数来反映我国证券市场更为合适，以沪深 300 指数的标准差系数 $V\sigma$ 来反映波动情况：

$$V\sigma = \sigma/\bar{x} \times 100\%$$

式中，σ 为标准差；$\bar{x}$ 为平均数。样本集为 2008 年到 2015 年沪深 300 指数每日收盘价，由此计算得到：

$$\alpha_3 = V\sigma_{沪深300指数} = 21.55\%$$

四、利率类

目前，我国没有一个综合性指标能包括长期利率价格和短期利率价格，我们选用七天回购定盘利率 FR007 和 10 年固定利率国债到期收益率进行分析处理，从图 4-6 和图 4-7 可以看到 2006 年 1 月到 2015 年 12 月七天回购定盘利率 FR007 和 10 年固定利率国债到期收益率的波动情况。

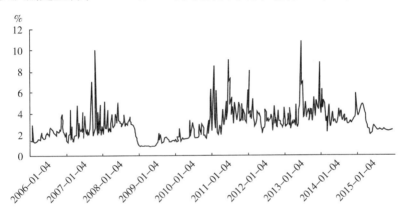

资料来源：Wind 资讯。

图 4-6　七天回购定盘利率 FR007 走势

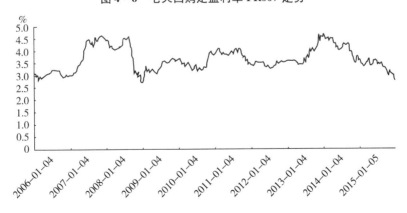

资料来源：Wind 资讯。

图 4-7　10 年固定利率国债到期收益率走势

我们用七天回购定盘利率 FR007 和 10 年固定利率国债到期收益率的标准差系数 $V\sigma$ 来反映波动情况：

$$V\sigma = \sigma/\bar{x} \times 100\%$$

式中，σ 为标准差；$\bar{x}$ 为平均数。样本集取数从 2008 年到 2015 年。由此可以计算得到：

$$V\sigma_{FR007} = 43.87\%$$

$$V\sigma_{10年} = 10.35\%$$

由于市场上没有反映利率价格较好的综合性指标，我们设定：

$$\alpha_4 = \frac{V\sigma_{FR007} + V\sigma_{10年}}{2}$$

计算得到

$$\alpha_4 = 27.11\%$$

五、信用类

我们选用全国商业银行贷款状况作为基础产品，以全国商业银行的不良贷款率作为目标样本，从图 4-8 可以看到 2008 年到 2015 年我国商业银行不良贷款率波动情况。

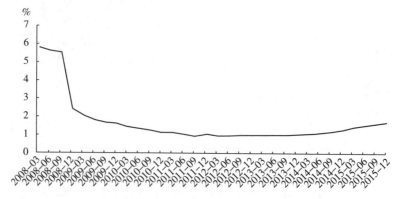

资料来源：中国银监会披露数据。

图 4-8 我国商业银行不良贷款率变化

我们用商业银行不良贷款率的标准差系数 $V\sigma$ 来反映波动情况：

$$V\sigma = \sigma / \bar{x} \times 100\%$$

式中：σ 为标准差；$\bar{x}$ 为平均数。样本集为 2008 年到 2015 年的商业银行不良贷款率。由此可以计算得到：

$$\alpha_5 = V\sigma_{\text{不良贷款率}} = 29.56\%$$

综上所述，我们得到了我国五类衍生产品基础资产的波动系数，它们分别是商品类衍生产品基础资产波动系数：

$$\alpha_1 = V\sigma_{\text{南华商品指数}} = 15.94\%$$

汇率类衍生产品基础资产波动系数：

$$\alpha_2 = V\sigma_{\text{人民币兑美元NDF汇率}} = 4.10\%$$

权益类衍生产品基础资产波动系数：

$$\alpha_3 = V\sigma_{\text{沪深300指数}} = 21.55\%$$

利率类衍生产品基础资产波动系数：

$$\alpha_4 = V\sigma_{\text{利率}} = 27.11\%$$

信用类衍生产品基础资产波动系数：

$$\alpha_5 = V\sigma_{\text{不良贷款率}} = 29.56\%$$

我们可以看到在数据集的时间范围内信用类衍生产品基础资产的波动系数最大，达到了 29.56%，而汇率类衍生产品基础资产波动系数只有 4.10%

第二节　金融监管环境系数

金融监管程度通常是一个定性概念，出于研究的需要，我们通过问卷调查并对要素赋值的方法建立起数量化指标。我们向上海的十多家金融机构发放了关于金融监管环境系数的调查问卷。调查问卷使用专家评分法，包括基础资产价格的管制程度、相关市场的机构准入管制程度、市场参与主体开展业务的管制程度、相关法律法规和会计税收政策的健全程度四个要素，每个要素25分，满分100分。汇总得到各类衍生产品的金融监管环境系数：

$$\rho_{商品类} = 70.21，\rho_{汇率类} = 30.45，\rho_{权益类} = 43.65，$$

$$\rho_{利率类} = 51.02，\rho_{信用类} = 9.89$$

我们可以看到在金融监管环境系数中，信用类最低，这与我国信用衍生产品市场较不发达、相关法律法规尚不健全、相关业务并未大规模开展是一致的；商品类最高，表明我国商品类交易的基础环境较为宽松。

第三节　各类衍生产品发展系数

通过前面的梳理分析，我们可以看到衍生产品发展系数与基础资产波动系数和金融监管环境系数呈正相关关系。在总结辖内部分金融机构的意见基础上，我们设定

$$D_K = \Phi(\alpha_K, \rho_K) = \alpha_K \times \rho_K$$

由此得到：$D_{商品类} = 11.19\%$，$D_{汇率类} = 1.25\%$，$D_{权益类} = 9.40\%$，$D_{利率类} = 13.83\%$，$D_{信用类} = 2.92\%$。

按数值大小排列顺序，最大的是利率类衍生产品，发展系数达到13.83%，而汇率类衍生产品的发展系数最小只有1.25%，其他三类衍生产品的发展系数由大到小依次为商品类、权益类和信用类。

表 4 − 1	各类衍生产品发展一览		单位:%
	基础资产波动系数	金融监管环境系数	衍生产品发展系数
商品类	15.94	70.21	11.19
汇率类	4.10	30.45	1.25
权益类	21.55	43.65	9.40
利率类	27.11	51.02	13.83
信用类	29.56	9.89	2.92

第四节　从产品发展系数得出的产品发展路径

从表 4 − 1 中可以看到，按基础资产的波动性排名分别是：信用类、利率类、权益类、商品类和汇率类；按金融监管环境系数排名，由松到严分别是：商品类、利率类、权益类、汇率类和信用类；从各类衍生产品发展系数来看，各类衍生产品的发展系数大致可以分为三个档次，利率类衍生产品发展系数最高，属于第一档次，汇率类和信用类衍生产品发展系数最低，属于第三档次，商品类和权益类居中，属于第二档次，三个档次之间差距较为明显。利率类衍生产品的发展系数位居第一，主要是因为其基础资产波动系数较大，其金融监管环境系数处于中间地带。汇率类衍生产品的发展系数最低，主要是由于其基础资产从长期来看波动率仍然比较小，且其管制环境较为严厉。

根据各类衍生产品的发展系数和我国衍生产品发展的现状，我们认为我国目前衍生产品的发展路径是优先发展利率类衍生产品，进一步发展商品类衍生产品，有序发展权益类衍生产品，加快发展汇率类衍生产品和信用类衍生产品。

第一，优先发展利率类衍生产品。利率市场化一直是我国金融改革的重点和核心之一，利率市场化自 20 世纪 90 年代提出以来，已经在货币市场和债券市场取得了巨大进步，在银行存贷利率方面也一直在稳步推进。自 2013 年以来，我国利率市场化进一步提速，步伐更大，节奏更快。2013 年 5 月 6 日，国务院常务会议把"稳步推出利率汇率市场化改革措施"列为金融改革之首。6 月 19 日，李克强总理在有关会议上又简洁明了地提出要"推进利率市场化"。6 月底在上海举行的"2013 陆家嘴金融论坛"上，金融部门高层领导再次释放大量金融市场化改革信息。7 月 1 日，国务院发布了《关于金融支持经济结构调整和转型升级的指导意见》，提出要稳步推进利率市场化改革，更大程度地发挥市场在资金配置中的基础性作用。7 月 2 日，经国务院批准，中国人民银行决定，从 2013 年 7 月 20 日起全面放开金融机构贷款利率管制，取消金融机构贷款利率 0.7 倍的下限，由金融机构根据商业原则自主确定贷款利率水平；取消票据贴现利率管制，改变贴现利率在再贴现利率基础上加点确定的方式，由金融机构自主确定；对农村信用社贷款利率不再设立上限。利率市场化的提速，暗示着利率类衍生产品发展环境的持续改善，也暗示着利率类衍生产品推进的提速。因此我们统筹兼顾各类衍生产品发展的同时，目前阶段可以把注意力更多地放在利率类衍生产品的推进上。

第二，进一步发展商品类衍生产品。商品类衍生产品目前平稳发展，有序推进。作为多层次资本市场的重要组成部分的商品类衍生产品市场，特别是期货市场，经过 20 多年的发展，取得了巨大的进步。商品期货成交量已连续多年位居全球首位，目前已上市 30 多个商品期货品种，已逐步形成了覆盖农产品、金属、能源、化工等国民经济重要行业的产品体系。2013 年，我国商品类衍生产品市场推出了动力煤期货和石油沥青期货等。当前，我国经济正处于转型升级、结构调整的关键阶段，商品类衍生产品市场的大扩容，不仅有利于增强我国在国际大宗商品定价上的影响力，而且也将进一步完善我国多层次资本市场体系，激发资本市场的活力。下一阶段，需要进一步拓展商品类衍生产品的覆盖面，促进国内商品证券市场的经济功能更好发挥，形成对战略性资源更大的定价影响力。

第三，有序发展权益类衍生产品。我国权益类衍生产品与其他几类衍生产品的参与群体不同，利率、商品、汇率及信用类衍生产品标的市场的参与者主要为机构投资者，而权益类衍生产品如股指期货的标的市场，即股票市场的参与者以非专业的个人投资者为主，且股票市场本身机制亦不完善，容易产生异常波动。衍生产品发展的过程是，标的市场先逐渐成熟，产生合理的风险管理需求，再有衍生产品的应运而生。当前我国发展权益类衍生产品，应本着产品推动与市场建设相结合的原则，不能盲目追求产品创新而忽视市场基础设施建设。下一阶段，应优先完善市场环境，推进相应标的市场如股票市场、债券市场的成熟壮大，在整体风险可控的情况下，建设透明、有序、公平、公正的权益类衍生产品市场。

第四，加快发展汇率类衍生产品和信用类衍生产品。虽然我国推出的汇率类衍生产品品种较多、交易量也较大，但由于我国实施了资本项下的外汇管制，无论是汇率还是资本的流动都受到较强的管制，因此其市场交易主体单一，交易目的单一，市场的价格挖掘功能并不显著。汇率类衍生产品市场的发展必然以外汇管制的放松为前提，虽然我国汇率改革取得了很大成绩，但仍有待进一步改革。随着汇率双向波动趋于频繁，实体经济避险需求会有很大程度的提高，客观上需要加快汇率类衍生产品的创新和应用。监管部门、交易所、银行等机构要更加充分地做好金融知识普及工作，引导企业正确认识和使用汇率类衍生产品来对冲风险，做实、做大市场需求，形成良性互动，促进汇率类衍生产品市场的健康发展。

信用类衍生产品在我国还未真正发展过，虽然曾经出现过短暂的CRM 交易，但其象征意义大于市场意义，没有发达的证券化市场、充足的信用违约数据以及专业的中介机构，这一市场很难真正发展起来。目前我国信用风险累积在商业银行体系之中，通过信用类衍生产品将风险交易出去，由有风险偏好和风险定价能力的机构来分担，是降低系统性风险的一个可行方案。我国应当吸取次贷危机的教训，在建设良好的基础设施（登记、清算等）和提高系统性风险管控能力的前提下，加快发展信用类衍生产品。

第五章　推进合格中央对手方建设
奠定金融衍生产品发展的基础

在前四章，我们阐述了金融衍生产品发展路径和金融危机后的经验总结，论述了良好监管和有效市场对金融衍生产品发展的重要性，全球正在推进一系列重要监管改革，以提高市场透明度，防范系统性风险，这些监管改革和市场建设的新举措都需要有完善的市场基础设施作为支持条件，尤其在场外衍生产品市场治理和发展中，推进中央对手方（CCP）的建设已成国际趋势，这也是我国金融衍生产品市场发展必不可少的基础，其重要性值得作为研究的专题之一。

第一节　危机后金融衍生产品透明度与
系统性风险监管的趋势

一、国际上金融衍生产品监管改革进程

次贷危机以来，二十国集团（G20）取代七国集团（G7）成为国际经济金融治理的最重要平台，G20领导人系列峰会明确了国际金融监管的目标和时间表，定期审议国际金融监管改革进程，并确定国际金融改革的最终方案。

2009 年 4 月的 G2O 伦敦峰会提出，要建立强有力的、全球一致的金融监管框架。2009 年 9 月的 G20 匹兹堡峰会进一步指出，要改进场外衍生产品市场，2012 年底前所有标准化的场外衍生合约要通过中央对手方清算。按照 G20 领导人的要求，为增强场外衍生产品的透明度和监管力度，金融稳定理事会于 2010 年 10 月发布了"改革场外衍生产品市场"的报告，提出了 21 项建议，涵盖场外衍生产品标准化、交易所/电子平台交易、中央对手方集中清算以及向交易信息库报告四个方面内容，该报告还设置了改革的时间安排，并明确了各项建议的执行主体。

二、美国《多德—弗兰克法案》关于金融衍生产品监管的改革

处于金融危机"风暴中心"的美国于 2010 年通过了《多德—弗兰克华尔街改革和消费者保护法案》（*Dodd – Frank Wall Street Reform and Consumer Protection Act*）。《多德—弗兰克法案》被认为是美国自 20 世纪 30 年代以来改革力度最大、影响最深远的金融监管改革。该法案旨在通过改善金融体系的问责制和透明度，促进美国金融稳定，解决"大而不倒"问题，保护纳税人和消费者利益。该法案重构了美国金融衍生品监管框架，作出一些重大的制度创新，同时也保留了金融衍生品在破产程序上的特殊对待条款。

（一）对清算所与交易所的要求

1. 衍生产品清算所和交易所的设立

在《多德—弗兰克法案》中，金融衍生产品监管的关键创新是建立清算所与交易所，增加场外衍生金融的透明度，防止操纵市场，保障衍生交易合约的结算。该法第 712 条规定，由商品期货交易委员会制定掉期相关衍生产品清算组织规则，证券交易委员会制定证券掉期

相关衍生产品清算组织规则，而且两个机构在制定规则时应当进行商议和协调，以最大限度地保证监管的一致性与可比性。该法第723条（h）规定"任何人从事掉期交易应为非法，除非该人向依据本法注册的或者依据本法豁免注册的衍生产品组织提交清算，如果掉期被要求清算。"哪些掉期交易或掉期交易组合需要清算，由衍生产品清算组织代表其会员向上述两个委员会提交信息，委员会在收到提交报告之后的90日内作出是否需要清算的决定。需要结算的互换必须递交到交易所，交易双方不能再私下协商订立合同，而应像股票交易所交易的股票一样对衍生产品交易进行标准化。

2. 衍生产品清算组织的核心原则

衍生产品清算组织的核心原则是保证美国商品期货交易委员会与证券交易委员会能通过衍生产品清算组织对衍生产品交易进行有效监管和防范风险。《多德—弗兰克法案》第725条（c）规定了衍生产品清算组织必须遵守的十八条核心原则：（1）合规性原则，清算组织应当遵守该法规定的核心原则及其相关规则强制施行的任何要求，同时享有合理的自由裁量权；（2）财务资源充足原则，清算组织应当保持为履行职责所需要的足够财务、运营和管理资源；（3）参与人与产品合格原则，清算组织的会员资格应当公平和公开地获得并且客观、公开披露；（4）足够保证金的风险管理原则；（5）旨在识别和控制风险的结算程序原则；（6）风险最小化的资金安全处理原则，清算组织持有的投资资金和资产应当是信用风险、市场风险和流动性风险最小的投资工具；（7）明确公开的违约处理规则和程序原则；（8）保障规则强制执行的原则，衍生产品清算组织应当保持充分的资源，以保证有效地监督会员遵守与执行规则，保证有能力处罚、限制、暂停或终止会员违反规则的活动；（9）可靠、安全系统保障原则；（10）全部信息报告原则，清算组织负有向委员会提供其实施监管所必需的全部信息的义务；（11）营业活动记录存档原则，清算组织必须按照委员会认可的格式和形式保存其营业活动的全部记录，保存期限不少于 5 年；（12）信息公开原则；（13）信息共享原则，清算组织应当参与并遵守各个适当的国内与国际的信息共享协议，并可以依据上述协议获得相关信息实施风险管理；（14）必要行为的反垄断豁免原则；（15）治理健康标准原则；（16）禁止利益冲突原则，清算所应当建立规则，以实现决策过程中利益冲突的最小化；（17）市场参与人参与治理原则，治理委员会应当包括市场参与人；（18）法律风险控制原则，建立一个针对衍生产品清算组织业务活动各个方面的透明且可执行的法律框架，以控制其法律风险。

（二）对大型金融机构"生前遗嘱"的要求

因雷曼兄弟破产导致的金融市场恐慌给美国金融体系造成了极大的冲击，使美国经济遭受严重破坏。为了维护美国金融系统的稳定，《多德—弗兰克法案》要求具有系统重要性的金融机构指定"生前遗嘱"，以避免大型金融机构破产引发"雷曼兄弟式"市场恐慌。2011年 4 月美国联邦存款保险公司（FDIC）和美联储制定一项监管规定要求，全球资产超过 500 亿美元的金融机构应当提交"生前遗嘱"。

（三）衍生金融交易跨国监管的恳求条款与威胁条款

在金融全球化盛行的当今时代，衍生金融交易早已经突破了国界，对跨国衍生金融交易的监管急需加强。《多德—弗兰克法案》对衍生金融交易跨国监管方面的改革体现在恳求条款与威胁条款。

恳求条款并不仅限于一两个条款，而是包括有关美国监管者与外国监管者进行合作的一系列要求和指引。该法案第 981 条修改了 2002年《萨班斯—奥克斯利法案》第 2 条，授权美国公众公司会计监督委员会与外国审计监督机构共享特定信息的权力。

威胁条款的主要目的不是为了保持美国金融市场的稳定性，而是为了防止因《多德—弗兰克法案》对金融衍生产品施加严格监管而导致美国国内衍生产品向其他国家转移的风险。威胁条款有两层含义：一是以拒绝符合下列条件的外国经纪商进入美国金融市场相威胁：该经纪商对美国金融系统稳定构成威胁，其母国没有一个适当的金融监管体系或者没能在监管方面取得显著进步以减少这种威胁；二是以禁止某国经纪实体进入美国的互换市场相威胁，条件是该国对其互换市场的监管破坏了美国金融市场的稳定性。

（四）破产程序中衍生产品自动终止条款例外及其存废问题

《多德—弗兰克法案》并没有改变美国《破产法》对衍生产品和其他金融创新产品的特殊保护——衍生产品自动终止条款例外。所谓自动终止条款是指在债务人提出破产申请后，将禁止债权人争夺债务人的财产，也不得利用合约中的破产约定条款来终止合约，其宗旨是确保债权人得到公平清偿，客观上也给予债务人处理财务困难的时机。然而，衍生产品与其他金融工具不受上述条款的限制，1978年美国《破产法》就规定了商品期货合约和远期合约豁免适用于自动终止条款的安全港规则，美国《2005年防止破产滥用及消费者保护法》扩大了安全港规则的适用范围。安全规则主要是为了防止从事衍生产品交易的大型金融机构破产可能造成的市场混乱，减少系统性风险。

第二节　危机后推进中央对手方清算机制建设的国际共识

金融危机爆发后，为提高场外衍生产品市场的透明度，降低系统性风险，美国、欧洲等一些国家和地区修改优化金融监管框架时，都强调要推进有关基础设施建设，发展中央对手方（CCP）。虽然具体方案仍在探索之中，但朝这个方向进步已成为全球监管当局的共识。

一、中央对手方的发展历程

（一）中央对手方概念

中央对手方（Central Counter Party，CCP）是指将自身置于一个或多个金融市场买卖合约的交易对手双方之间，从而成为所有卖方的买方以及所有买方的卖方的经济实体。通过"替代"机制，初始交易对手之间的合约被初始交易对手与中央对手方之间的两个新合约所替代。

（二）中央对手方产生的背景

中央对手方最早出现在 19 世纪末 20 世纪初的欧美商品期货市场，由于长期伴随场内交易，常被称为"中央交易对手"、"结算共同对手"等。但究其实质，中央对手方与交易环节的竞价撮合职能、结算环节的交收履约职能相互独立，属于清算环节。我国最新修订的《期货交易管理条例》也体现出上述理念。国际上建立 CCP 机制的初衷是为了降低金融衍生产品交割中的对手方信用风险。由于金融衍生产品采用保证金交割方式，财务杠杆较大，信用风险也较高。在金融衍生产品市场发展过程中，市场参与者逐渐认识到建立 CCP 在防范对手方信用风险方面的重要作用：在 CCP 机制下，所有金融衍生产品合约都更替为以 CCP 服务机构为法定对手方，并由 CCP 服务机构保证合约的顺利执行。因此，市场参与者只要选择具备完善风险管理体系的 CCP 服务机构提供 CCP 交割服务，就可以有效控制对手方信用风险，这在很大程度上增加了交易机会，促进了金融衍生产品市场的健康快速发展。自 20 世纪 70 年代以来，国际上主要金融衍生产品市场纷纷建立了 CCP 机制，为金融衍生产品交易提供

CCP 交割服务。同时，随着 CCP 机制的逐步推广，实现了匿名交易和净额结算，提高了市场效率和流动性，从而使得 CCP 机制迅速扩展到 OTC 市场。

（三）OTC 市场发展提高了中央对手方清算机制的重要性

从市场自身发展角度来看，OTC 衍生产品市场的发展催生了对中央对手方清算机制的需求。全球 OTC 衍生产品市场呈现继续扩张的趋势，且系统重要性不断增加。因此，OTC 衍生产品与实体经济的关系紧密，系统重要性有增无减。

OTC 衍生产品市场具有典型的定制交易、个性化交易特征，标准化程度低，尤其是规模和范围较小的衍生产品。据国际货币基金组织统计，在 2009 年之前，仅有 45% 的 OTC 利率衍生产品由全球中央对手方机构——英国的 LCH 进行清算，其余大部分 OTC 衍生产品仍是双边结算。OTC 衍生产品市场的双边交易结算容易产生市场风险、信用风险并传染风险，而中央对手方清算机制能将金融市场交易的负外部性内部化，改变双边交易结算的弊端，从而能保持 OTC 市场的稳定。这也是 G20 推崇中央对手方清算机制的根本原因。

（四）重大风险事件的启示

摩根大通巨亏事件揭示了场外衍生产品的风险和监管问题。摩根大通公司的首席投资办公室在 2012 年第二季度整体亏损 8 亿美元左右，亏损源于该办公室交易员伊科西尔（Bruno Michel Iksil）在信用违约互换（CDS）市场重仓建立大笔头寸，从 2012 年 4 月开始相关资产价格向不利于摩根大通的方向变动，其建立的 CDS 头寸大都处于亏损状态。5 月 10 日，摩根大通公布了其在信用衍生产品市场上的巨额亏损并承认，正在使用的一种风险对冲方案有很大的风险，不稳定且效果差。

高杠杆、低透明度、流动性较差的 OTC 信用衍生产品在这次巨亏事件中扮演了重要角色。相比场内衍生产品的公开、透明和流动性好等特点，场外信用衍生产品是一对一的个性化金融工具，标的物、金额、到期日等条件都由双方商定，量身定做，其定价模型较为复杂，并且缺乏竞争性报价和公平透明的市场，交易双方存在严重的信息不对称，而且非标准化的场外合约没有二级市场可以交易，流动性很低，这些因素决定场外衍生产品市场风险巨大，参与其中的金融机构也无法在市场形势转变时及时调整仓位和结清头寸。

中央对手清算机制可以解决上述问题。典型事例是，雷曼破产事件中，完全采取双边清算的场外交易信用违约互换与引入中央对手清算机制的场外交易利率互换，在风险处置效果上形成鲜明对比。伦敦清算所迅速处置包括9万亿美元场外交易利率互换在内的巨额未平仓头寸，仅动用了雷曼缴纳的约1/3的保证金，没有给其他市场主体和伦敦清算所带来任何损失。但雷曼的720亿美元信用违约互换未平仓头寸最终给其他市场主体带来了大约52亿美元的净损失。此外，市场一度认为雷曼的信用违约互换未平仓头寸接近4000亿美元，这更加剧了恐慌情绪。如果在中央对手方清算机制下，这种市场过度恐慌情绪可能不会产生，从而可能避免金融危机。

（五）中央对手方的发展历程

中央对手清算机制最早出现在场内衍生产品市场，由于衍生产品合约的生命周期较长，采取保证金交易模式且不以持有到期为主，因此需要加强对手方风险管理，确保合约不因对手方违约而影响履行，维护整个市场安全高效运行。1892年，纽约股票交易所建立了清算中心，这是中央对手方的雏形。1920年，该清算中心正式转型，开始履行真正的中央对手方的职能。20世纪后期，其他国家的证券交易所开始纷纷建立自己的中央对手方，随着金融市场的发展，目前世界上主要的交易所基本都建立了自己的中央对手方。例如，芝加哥期货交易所历经双边净额的"直接清算"模式、多边净额的"环形清算"模式、由单独机构负责合约确认和净额结算的"专业清算"模式，直至1925年最终建成芝加哥期货交易所清算公司，引入中央对手清算机制。在法律意义上明确承接交易对手方权利义务，统一提供履约担保的中央对手清算机制全面拓展到场内衍生产品市场。近百年来，包括本次国际金融危机在内，国际场内衍生产品市场没有发生过大的系统性风险，公认是中央对手清算机制的功劳。

但根据国际清算银行的报告，截至1998年，场外衍生产品交易很少进行中央对手方清算。1999年，伦敦清算所建立了掉期清算系统（Swap Clear），开始进行利率掉期合约的清算。随着电子交易系统的发展，一些中央对手方也开始提供场外衍生产品交易的清算服务，但是这些场外衍生产品合约只能被拆分成几份标准产品合约才能进行清算。雷曼破产事件后，依托中央对手清算机制防范场外交易信用违约互换市场的系统性风险成为改革共识。美国总统金融市场工作小组在2008年11月的《有关场外衍生产品的政策目标》报告中强调，为信用违约互换市场引入中央对手清算机制是场外衍生产品市场改革的最优先问题："一个有序监管和审慎管理的信用违约互换中央对手清算机构能够通过降低与对手方信用风险关联的系统性风险，使市场受益"。2009年3月，美联储主导设立了金融危机后第一家中央对手清算机构——洲际交易所信用衍生品清算公司。其他国家与地区的场外衍生品集中清算机制也得到较快发展。2010年6月，伦敦清算所清算的场外利率掉期交易笔数为67826笔，待清算笔数为1667948笔，待清算合约的名义本金额达到了228.69万亿美元，占全球交易商之间交易额的40%以上。

（六）中央对手方的类型

根据中央对手方与证券交易所的关系，可以将其分为垂直型

（Vertical）结构和水平型（Horizontal）结构两类。垂直型结构是指中央对手方设立于证券交易所内，作为证券交易所的一个部门而存在，只清算在本交易所发生的交易，如欧洲期货交易所、芝加哥商品交易所等都具有自己的清算部门。水平型结构是指中央对手方独立于证券交易所，自负盈亏，可同时清算来自多个交易所的交易，比较有代表性的是伦敦清算所和美国期权清算公司等。在中央对手方产生和发展的过程中，垂直型结构一直占据主导地位，但近年来，水平型的中央对手方有逐步取代前者的迹象，主要原因在于垂直型的中央对手方只为自己的证券交易所提供清算服务，投资者无法选择清算公司，容易产生垄断，从而导致规模不经济，而水平型的中央对手方为多个交易所提供清算服务，为市场提供了竞争环境和创新动力，可以为投资者提供更优惠的价格和更好的服务。另外，水平型的中央对手方独立承担风险，由于清算会员任何一方不按时履约都会造成清算公司的巨额损失，所以更趋向于追求自身的安全性，努力减少和回避市场风险。

总之，对比以上两种模式，市场各方普遍认为后者在节约成本、促进创新、活跃交易等方面更具优势，有利于支持衍生品市场充分发挥风险管理的作用，也有利于深化对衍生品市场系统性风险的管理。例如，2008年2月，美国司法部就芝加哥商业交易所并购芝加哥期货交易所发表的公开意见中，就建议全美期货市场要借鉴期权市场由一家机构统一提供中央对手清算服务的经验。

（七）国外 CCP 机制做法和相关法律制度安排

1. 美国

针对 CCP 机制，美国《破产法》等法律法规都作出了具体规定：证券交易合约的一方金融机构破产时，证券合约的执行和证券交易的净额结算不受《破产法》"自动终止支付债务"条款的限制。该规定为 CCP 服务机构提供了优先于破产参与人的其他债务人行使证券合约交收权利的优势，为 CCP 机制提供了有效的法律保障。

美国提供 CCP 服务的主要机构是美国托管信托清算公司（DTCC）、期权清算公司（OCC）和芝加哥商业期货交易所（CME）。DTCC 是独立于交易所的托管清算公司，拥有六大子公司，为各类债券、股票和 OTC 市场的衍生产品等提供 CCP 服务，服务地域范围包括 100 多个国家。OCC 是迄今为止世界上最大的期权清算服务机构，为 OTC 及其他市场各种多样化的金融工具提供 CCP 清算服务。CME 则是集交易清算于一体的机构，为 CME 和 CBOT 的期货和期权交易提供 CCP 服务，清算量已占美国期货和期权交易量的 90% 以上。

2. 欧盟

1998 年，欧盟通过了《支付和证券结算系统结算最终性法》，其立法宗旨在于降低 CCP 机制实施中的系统性风险，特别是由于单一市场参与者破产引发的系统性风险。该法主要从三个方面体现了对 CCP 机制的保护：一是对 CCP 中过户指令和净额轧差的保护；二是对破产程序不应影响已达成交易正常结算的保护；三是对 CCP 中结算系统担保物的保护。

与美国相似，在欧洲大多数情况下是由清算机构提供 CCP 服务。LCH Clearnet 是欧洲提供 CCP 清算服务的主要组织，它的两个运作公司（LCH Clearnet Ltd. 和 LCH Clearnet S. A.）是欧洲领先的 CCP 服务机构。其中，LCH Clearnet Ltd. 分别通过 RepoClear 系统和 SwapClear 系统为 OTC 市场的债券回购和利率互换等交易提供 CCP 服务；LCH Clearnet S. A. 主要为股票交易所、有组织的衍生产品市场和债券回购市场的股票、债券、认股权证、可转换债券、股票类衍生产品、利率类衍生产品和商品类衍生产品提供 CCP 和多边净额清算服务。

3. 英国

金融危机暴露出对手方信用风险管理不健全是场外衍生产品市场监管最薄弱的环节。这会抑制交易者的交易意愿，因此破坏了交易者之间的联系网络，影响市场流动性，遏制市场活力。金融危机后，英国监管者也意识到采取更健全的对手方风险管理（more robust counterparty risk management），促使所有标准化场外衍生产品交易通过受监管的中央对手方进行统一清算，这是全球场外衍生产品市场监管体制改革最关键的一步。

正是由于 CCP 能够产生持续的关键的风险管理职能，降低系统性风险，金融危机后，英国监管者努力促使所有具有统一清算可能的标准化场外衍生产品合约交易通过中央对手方进行统一清算，同时，为了控制 CCP 本身的风险，英国监管者要求 CCP 必须在监管机构注册，必须有充足的保证金覆盖，实施稳健的准备金要求以及其他必要的风险控制手段，还要避免投资者为逃避 CCP 的清算而进行非标准化交易。

4. 日本

JASDEC 是日本的中央证券存托机构，负责除政府债券之外的所有证券（包括交易所场内交易的证券以及 OTC 市场交易的证券）的中央托管和结算。JASDEC 下设分公司：JDCC 是场外净额结算的 CCP 服务机构，专门为场外交易的证券提供净额结算；JSCC 为大阪证券交易所、札幌证券交易所、福冈证券交易所、名古屋证券交易所的股票和金融衍生产品交易提供 CCP 结算服务；JCCH 主要为商品期货交易所提供 CCP 结算服务。

表5－1　当前各国（地区）清算场外衍生产品的中央对手方

国家 （地区）	名称	清算产品
巴西	BM&F Bovespa	股票指数和货币期权
加拿大	CDCC	股票期权
中国	上海清算所	IRS、债券现货和衍生产品、外汇现货和 衍生产品、大宗商品价格指数
法国	LCH Clearnet S. A.	信用违约掉期
德国	Eurex Clearing	信用违约掉期、股票衍生产品
中国香港	HKEx	利率衍生产品、非交割远期
印度	Clearing Corporation of India	FX 掉期
日本	JSCC	信用违约掉期、利率互换
波兰	KDPW CCP	利率衍生产品
新加坡	AsiaClear	商品、能源和利率衍生产品
瑞典	Nasdaq OMX Stockholm AB	商品衍生产品
	Nasdaq OMX Swap Clear Nordic	利率互换
英国	CME Clearing Europe	能源和商品衍生产品、利率互换
	ICE Clear Europe	信用违约掉期和能源衍生产品
	LCH Clearnet Ltd	利率互换和商品衍生产品
	NYSE Liffe	股票和商品衍生产品
美国	CME Group	利率互换、信用违约掉期
		商品及能源衍生产品
	ICE Clear Credit	信用违约掉期
	IDCG	利率互换
	NYPC	利率互换
	Options Clearing Corporation	股票衍生产品

资料来源：根据互联网资料整理。

二、场外衍生产品交易的中央对手方的特点和作用

(一)中央对手方的特点

1. 双边性

场外衍生产品交易本身具有双边性特征，交易双方单独履行合约，不涉及第三方。中央对手方仍然延续了双边交易的特性，原交易双方分别与中央对手方单独签订合约，即原交易合约被两份新的合约代替，这两份新的合约对原交易双方而言，除了交易对手变为中央对手方外，其他内容均不变，这一变化过程也称为"合约替代"，见图5-1。

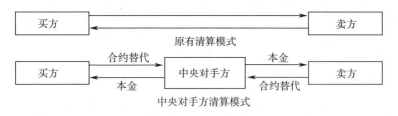

资料来源：根据 CCP 相关资料整理。

图 5-1　中央对手方交易模式图

2. 担保性

在场外衍生产品交易中，若一方违约，另一方只能独自承担风险。引入中央对手方后，由其承担履约义务，保证正常履约。如果买卖双方中的一方不能正常向中央对手方履约，中央对手方也应当先对守约一方履约。

3. 净额清算

中央对手方在清算模式上多采用多边净额清算模式，汇总每一个市场参与者的应收应付金额，以轧差之后的净额计算市场参与者的头寸，具体清算过程如图5-2所示。

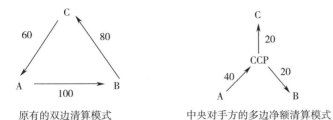

原有的双边清算模式　　　　　　中央对手方的多边净额清算模式

资料来源：根据 CCP 相关资料整理。

图 5－2　中央对手方对清算模式图

综上所述，按照市场运作方式的不同，交易所市场、中央对手方清算（CCP）下的场外市场和双边结算模式（Bilateral Settlement）下的传统场外市场三者之间运作方式的差异如表 5－2 所示。

表 5－2　　　　　　　　　三种运作方式差异比较

特征项	交易所市场	CCP 场外市场	传统双边场外市场
交易方式	集中交易	双边交易	双边交易
清算方式	集中清算	集中清算	双边清算
交收对手方	CCP	CCP	买卖双方原始人
产品特征	标准化、高流动性	标准化、高流动性	所有产品
参与人	一般为大型交易商和高信用等级的参与人	一般为大型交易商和高信用等级的参与人	所有参与人
做市商的重要程度	不重要	重要	重要
保证金要求	全市场统一的保证金要求	全市场统一的保证金要求	双边协商确定保证金要求
担保品管理	由 CCP 统一负责担保品的收取和管理	由 CCP 统一负责担保品的收取和管理	非集中的双边担保品管理（容易引发争议）
结算和交割	集中结算和交割	集中结算和交割	双边结算和交割
轧差处理	风险头寸进行多边轧差处理	风险头寸进行多边轧差处理	风险头寸进行双边轧差处理

续表

特征项	交易所市场	CCP 场外市场	传统双边场外市场
持仓数量和交易信息的透明度	保有明细信息，但不对外公布	保有明细信息，但不对外公布	低或完全不可知
市场价格的透明度	实际成交价格对外发布	实际成交价格不自动对外发布	实际成交价格不对外发布
监管	受交易所和 CCP 的业务监管	按市场惯例运行，受 CCP 的业务监管	按市场惯例运行，自律

资料来源：陈加赞、朱立元：《金融衍生品登记结算服务主要特点、发展趋势及对登记结算公司的相关建议》，载中国结算《工作研究》，2012（31）。

（二）中央对手方的作用

相比双边清算机制，中央对手方引入券款对付、款款对付以管理对手方本金风险，通过临时授信、证券借贷以管理对手方流动性风险，通过统一标准、规范流程以管理对手方操作风险，以及通过组织公开拍卖或者在未违约清算会员之间按比例分配以解决场外衍生产品违约处置时市场流动性不足问题，在风险管理方面有着非常明显的优势。由于中央对手方自身的特点及功能，其能有效控制交易对手信用风险，所以应逐步扩大场外衍生产品交易通过中央对手方清算的比例，充分发挥中央对手方的功能。

1. 中央对手方管理交易对手信用风险的措施

（1）清算会员制度。要有效控制交易对手信用风险，最根本的措施在于只与具有良好资质的交易商进行交易，因为资质良好的交易对手违约的可能性比较低。判断交易商资质是否良好的标准包括：交易对手的信用等级、最低资本要求、财务状况、在其他银行的融资能力等。中央对手方实行清算会员制度，制定一系列的准入标准，只有满足了准入标准的交易商才能进行交易。

（2）选择合适的合约类型。良好风险控制能力的前提是对风险有准确的评估，而有些产品过于复杂，对其作出准确评估是非常困难的，还有些量身定制的产品，流动性不足，很难进行平仓，这类合约不适合在 CCP 清算。为了有效控制风险，CCP 应选择流动性好、风险可计量的合约类型进行清算。

（3）报告制度。由于衍生产品的价格波动频繁，中央对手方往往会制定报告制度，要求参与交易的交易商定期对自身的产品状况、财务状况、风险控制措施等进行汇报，以便及时掌握交易商的各种信息，采取有针对性的风险控制措施。

（4）保证金缴付制度。保证金缴付管理办法的建立，使中央清算所能进一步防范会员违约风险。保证金包括初始固定保证金（Initial Margin）和根据每日盯市所估计的风险敞口决定的动态调整保证金（Variation Margin）。对于进入清算程序、进行合约更替之后的衍生产品合约，会员的风险敞口按照合约更替后的敞口净值来计算，且对会员按照统一的规则征收保证金。保证金管理有如下四个关键点：一是确定初始保证金，覆盖潜在的损失；二是对交易敞口进行更新的频率；三是估值和重新计算保证金的频率；四是可作为保证金的资产的价格稳定性和流动性。

（5）逐日盯市制度。在每个结算周期内，中央对手方会接着前一个结算周期逐一确定所有未平仓头寸的市场价格变化情况，通知相应的清算会员进行结算，及时调整清算会员和客户的保证金要求。

（6）限额管理。中央对手方会对参与场外衍生产品交易的交易商制定交易限额，并定期进行监控，一旦由于衍生产品价格的波动导致原有限额被超过，可以采取以下几种管理措施：冻结交易商所有新衍生产品交易；如果交易商信用良好，可考虑提高额度；要求交易商提供更多保证金（抵押品）；开展反向交易释放仓位。

（7）明晰的违约处置机制。当会员违约或者倒闭时，可能会导致大量交易提前终止、轧差结算或平盘的风险，而OTC衍生产品市场具有交易集中的特点，当违约会员是大型复杂金融机构（LCFIs）时，可能对市场造成较大的震动，因而，中央清算所需要设立明晰的违约处置机制以尽量消除违约导致的负面影响。当会员违约时，首先是召开违约委员会会议，向非违约对手方和公众完成违约信息披露过程；其次是通过自行对冲或者与非违约对手方签订新合约的方式对冲头寸；最后是对相关头寸进行拍卖。

（8）资本等其他保障。如果某清算席位的抵押保证金用尽仍不足以偿付损失时，剩余的损失部分将由清算所承担。这部分资金来自清算所累积留存利润等自有资本，或者由各清算会员共同承担。

表5-3　　　　　　　　　　中央对手方风险管理标准

标准1	法律保障。应健全法律框架，为CCP的正常实施提供法律保障。
标准2	市场参与者要求。CCP要求参与者必须具备良好的经营能力和财力基础，以确保履行CCP所要求的义务。
标准3	信用风险衡量与管理。CCP应及时衡量参与者的信用风险，并通过建立保证金制度和其他风险控制制度控制风险敞口。
标准4	保证金制度。在保证金制度中，保证金的要求应足以覆盖正常市场风险敞口。同时，保证金需求方式和参数设定应基于风险评估并定期检测。
标准5	CCP服务机构的财力基础要求。CCP必须具备雄厚的财力基础，以保证在出现极端市场条件下，可以承受市场最大风险敞口。
标准6	市场参与者违约处理程序。制定违约处理方法，确保CCP在市场出现违约情况下能够迅速采取行动控制损失。
标准7	托管与投资风险管理。CCP应将其资产投资于信用风险和流动性风险较低的投资工具，以确保CCP能够随时支配其财力资源的数量和价值。

标准 8	操作风险管理。CCP 须通过建立匹配的风险控制流程来辨别和降低操作风险。
标准 9	资金清算模式。CCP 应明确资金清算模式，以有效控制清算银行和参与者在资金清算过程中可能产生的信用风险和流动性风险。
标准 10	实物交割职责。CCP 应明确规定与实物交割相关的职责，并有效识别和管理可能产生的风险。
标准 11	CCP 服务机构之间联网运作的风险管理。CCP 应对在联网运作中可能产生的风险进行评估和管理，在相应的市场监管者之间应建立协调机制。
标准 12	运作效率。在确保正常运作的同时，CCP 应尽量提高其成本效益。
标准 13	CCP 服务机构的公司治理。CCP 应健全风险控制机制，完善公司治理，以确保其风险管理的有效性。
标准 14	CCP 运作的透明度。CCP 应加强市场信息披露，提高市场透明度，以便市场参与者及时准确识别和评估与之相关的风险和成本。
标准 15	监管有效性。CCP 相关监管部门应加强合作，以提高监管有效性。

资料来源：CPSS 和 IOSCO 技术委员会：CCP 评估标准。

2. 中央对手方的风险防范作用

（1）对风险管理的作用

①降低交易对手信用风险。中央对手方将所有交易对手的敞口汇总，进行净额清算，能大大减少衍生产品交易的总体风险敞口。同时，由中央对手方对所有交易进行统一清算，有利于简化风险管理流程，减少清算过程中的各种风险。

以美国为例，自 2009 年建立 CDS 的集中清算后，双边交易大幅压缩，使得市场各参与主体的信用类衍生产品风险敞口大幅减少（比较表 5 - 4 和表 5 - 5）。

表 5 - 4   **2009 年 3 月美国最大 10 家交易商名义**

场外衍生产品风险敞口   单位：10 亿美元

交易商	远期	期权	互换	信用
J. P. 摩根	8422	10633	51221	7495
美国银行	9132	6908	50702	5649
高盛	1631	6754	30958	6601
摩根士丹利	1127	3530	26112	6307
花旗集团	4743	5868	15199	2950
富国银行	1217	543	2748	286
汇丰银行	595	185	1565	913
德意志银行	667	20	162	144
纽约银行	371	304	404	1
道富银行	571	45	24	—
合计	28476	34790	179095	30346

资料来源：Central Clearing of OTC Derivatives：Bilateral vs Multilateral Netting，2012。

表 5 - 5   **2010 年 12 月美国最大 10 家交易商场外**

衍生产品合约名义本金   单位：10 亿美元

交易商	远期	期权	互换	信用
J. P. 摩根	11807	8899	49331	5472
美国银行	10287	5848	43482	4367
花旗集团	6895	7071	28639	2546
高盛	3805	8568	27392	4233
摩根士丹利	5459	3855	27162	4648

续表

交易商	远期	期权	互换	信用
富国银行	1081	463	1806	93
汇丰银行	758	127	1901	700
纽约银行	420	367	555	1
德意志银行	848	21	199	33
道富银行	599	76	79	—
合计	41959	35295	180546	22093

资料来源：Central Clearing of OTC Derivatives：Bilateral vs Multilateral Netting，2012。

②有效管理交易对手信用风险。对于进入场外衍生产品市场的交易方而言，如何有效管理交易对手信用风险是一个重大课题，常用的手段如有限额管理、日常监控、保证金（抵押品）管理、反向交易对冲等，这些手段都是建立在能够准确计量交易对手信用风险的基础之上，衍生产品的复杂性使得风险计量所需用到的方法和计量工具也很复杂，可能需要一个强有力的后台 IT 系统的支持，这就极大地增加了交易方的交易成本。而中央对手方能将所有交易方的敞口进行集中清算，同时对所有交易者收取保证金或抵押品，进行有效管理，此时，交易双方的违约风险都由中央对手方承担，而中央对手方是可以被认为没有信用风险的，在这种情况下，场外衍生产品市场的交易者无需再计量交易对手信用风险。因此，在场外衍生产品市场引入中央对手方，不仅能简化交易对手信用风险的管理，而且也增加了担保管理的效率，降低了整个市场的交易成本。

③分散风险。中央对手方集中所有的信用风险，并将风险进行分摊。中央对手方有一整套规范的风险管理政策，所有的市场参与者都必须交纳保证金和违约金，保证金的多少依据交易的性质以及交易者

的信用状况而定，并且会随着交易产品的价格波动而及时进行调整。一旦出现违约，中央对手方会用收取到的保证金来弥补会员的损失，从而有效分散风险。

（2）对市场发展的作用

①提升 OTC 衍生产品市场的定价效率

第一，中央清算模式中的合约更替产生的信息集中效应，每日盯市保证金制度产生的信息高频处理效应，便于全面获取 OTC 衍生产品的交易数量、价格和交易对手风险暴露的高频信息，极大地改善了双边清算模式下的信息不透明问题。

第二，中央清算模式促进交易的标准化进程。合约更替和按多边净值缴纳保证金的实现，其前提是对不同细分市场交易合约的主要参数做出业内的标准化规定。在同等的合约规范下，在不同地点、不同交易系统与不同交易对手之间、不同交易类型的交易才能互相替代，以实现合约更替和净值抵押。

第三，中央清算模式具有对市场流动性的正效应。清算会员与"零违约风险"的 CCP 按多边敞口净值计算保证金，保证金支付的节约和资本金的释放，使得建立和轧平头寸非常便利，这将有效促进市场的流动性。

信息透明度和合约标准化的提高、流动性的增强无疑将促进市场定价的合理化。另外，交易量少、且过于复杂的衍生产品被排除在清算程序之外，这将抑制复杂产品交易，刺激产品简单化，而简单产品的定价比复杂产品的定价更趋合理。

②增加市场透明度。场外衍生产品风险管理的难点之一就是交易的不透明，每一笔交易的相关信息都只能由交易双方掌握，无法被市场上其他交易者获取，市场流动性也很差，一旦出现风险，很难立即找到相应的交易对手进行反向交易来进行平仓。中央对手方能汇总所

有场外衍生产品的交易信息，并进行市场公开，有利于增加市场透明度，信息公开减少了交易者的信息成本，交易者可以很方便地找到需要的产品，交易的积极性必然会大大提高，从而增加整个市场的流动性。

③推动实施匿名交易，提高市场流动性。匿名交易是指在交易中，参与者隐匿自己的真实身份，避免暴露自身信息的交易方式，其主要作用是隐匿参与者的交易意向和策略，同时可缓解因大额交易引起的市场波动，特别适合做市商等对市场价格起到发现和引导作用的市场参与群体。在匿名交易结算过程中，CCP 自始至终充当交易双方的共同对手方，使交易对手方无法知道其真实交易对手，保证了匿名交易的顺利进行，改善市场流动性。

④实现净额结算。净额结算是通过对参与人证券和资金账户的借方和贷方进行轧差，得出相对全额结算小得多的净额交收责任（在交易活跃的市场中，净额结算量可能只有全额结算量的几十分之一），以减少证券和资金交付的数量和金额，降低市场参与人的操作风险、流动性风险和交易成本，提高市场效率。在净额结算制度安排中，CCP 担任市场参与者交易头寸轧差的共同对手方，其主要作用在于：一是通过多边净额结算降低市场风险；二是减少市场参与人的流动性成本；三是确保市场参与者成功交收；四是建立质押制度控制风险；五是通过对参与人的证券和资金净额进行衡量确定质押额度。

⑤提升电子化水平，提高业务处理效率。传统场外金融衍生产品交易通常通过电话、传真等人工方式进行，交易数据捕捉、交易对盘确认、担保品管理、资金交收以及到期执行等交易后业务处理通常也是以人工方式进行的。这种以人工操作为主的作业方式决定了场外市

场的业务处理效率低下，操作风险较大。交易确认延迟①问题就是场外市场业务处理效率低下的集中反映。国际上近年来推动 CCP 机制，可以促进市场参与人采用电子化、自动化的交易方式，已取得明显的市场效果。国际掉期与衍生产品协会（ISDA）发布的 2012 年度《业务运作基准调查》（Operations Benchmarking Survey）显示，近年来各类场外金融衍生产品的交易确认周期明显缩短（见表 5 – 6）。

表 5 – 6　　大型公司的各类场外衍生产品交易确认平均周期　　单位：工作日

	2008 年	2009 年	2010 年	2011 年	2012 年
利率类衍生产品	10.3	6.8	2.8	2.1	1.5
信用类衍生产品	6.4	3.5	1	0.5	0.4
股权类衍生产品	13.9	9.7	7.3	6.7	6.4
货币类衍生产品	2.1	2.6	1.3	1.8	1.8
商品类衍生产品	3.2	2.4	1.2	0.9	1.0

资料来源：陈加赞、朱立元：《金融衍生品登记结算服务主要特点、发展趋势及对登记结算公司的相关建议》，载中国结算《工作研究》，2012（31）。

3. 对宏观经济金融体系的作用

（1）弱化衍生产品市场放大金融体系顺周期性的问题。在双边场外市场，交易双方控制对手风险的主要方法是每日在盯市制度上进行抵押设置，以覆盖未清偿合约市场价值的变动。抵押协议反映了交易双方对头寸风险以及交易对手信用水平的评估。对于信用等级为 AAA 级的市场参与者而言，通常不需要再提供抵押。与双边场外市场一样，

---

① 由于交易所市场实行电子化交易，通常都能在 T + 0 日内完成对盘确认。相比之下，场外市场的交易确认周期要长很多，例如，在 2003 年，场外信用类衍生产品的交易确认平均周期为 21 个工作日，而标准化的场外利率互换产品的交易确认平均周期为 9 个工作日。交易确认周期长会加大市场参与人面临的对手方信用风险和法律风险。

在中央对手场外市场，同样需要在逐日盯市甚至日间盯市的基础上进行抵押设置，而且所有市场参与者都需要按照相同的保证金提供要求提供抵押。一般而言，交易对手的风险敞口越大，衍生产品的市场价值波动越大，则需要提供的抵押就越多。这一特征使衍生产品市场具有放大金融体系顺周期性的趋势。与双边场外市场相比，中央对手方可以显著减少风险敞口的可能，因此可以相应减少抵押，从而有助于减弱金融体系的顺周期性。同时，由于中央对手方要求所有交易对手都提供抵押，因此一般不会出现市场参与者因为信用降级导致所需抵押急剧增加的现象，这将有利于减轻衍生产品市场在经济紧缩时期的压力。

（2）稳定金融体系，促进经济效益增长。由巴塞尔委员会（BCBS）、全球金融系统委员会（CGFS）、国际支付结清体系委员会（CPSS）、金融稳定理事会（FSB）和国际证监会组织（IOSCO）组成的衍生产品宏观经济评估小组（MAGD）在评估场外衍生产品监管改革对宏观经济的影响后发布的报告显示，通过对标准化场外衍生产品实行强制中央清算等一系列制度安排，大大提高了金融体系的稳定性。该组织发现，从避免金融危机获得的经济效益占每年GDP的0.16%，扣除机构持有更多的资本金和对整体经济的担保产生的经济成本占每年GDP的0.04%，因而净收益占每年GDP的0.12%。

提高金融系统稳定性就等于有效防范系统性风险。G20框架下国际货币基金组织、金融稳定理事会、国际清算银行等联合开展的工作中有关金融市场"系统性风险"的概念是："金融体系全部或部分运行失灵，导致金融服务崩溃的风险，这种风险可能给实体经济带来极其严重的负面影响"；金融服务具体内容包括信用中介、风险管理和支付服务。旨在管理系统性风险的宏观审慎政策工具之中，中央对手方作为金融体系的基础设施，主要是从"相互关联性"角度防范金融服务崩溃的潜在风险。巴塞尔委员会 2009 年 12 月发布的《增强银行体系稳健性（征求意见稿）》，专题讨论了场外衍生产品交易对手方信用风险管理问题，指出本次国际金融危机中，大约 2/3 的交易对手方信用风险损失是由信用估值调整损失造成的，只有 1/3 是由实际违约造成的。信用估值调整损失即因交易对手方信用水平下降而产生的盯市损失，反映了场外衍生产品市场对手方信用风险的相互关联性。G20 框架下负责协调推动场外衍生产品改革的金融稳定理事会指出，即使不考虑多边轧差降低对手方风险、损失分摊化解对手方风险等因素，中央对手方也具有集中管理对手方风险、有效阻断市场主体之间风险传播渠道的独特优势，从而能够在充分发挥场外衍生品市场风险管理功能的同时，显著降低引发金融市场系统性风险的可能性，"从根本上来讲，无论双边交易风控措施如何强大，都不可能像中央对手方那样，解决市场主体间的风险关联问题"。第三版巴塞尔协议针对商业银行双边清算场外衍生产品交易的交易对手信用风险加权资产，在交易对手违约风险加权资产基础上，新增了信用估值调整风险加权资产，而纳入中央对手清算机制的，则不需计提。这充分体现了对中央对手清算机制管理系统性风险功能的认可。

三、中央对手方的系统重要性进一步提高

本次国际金融危机之前，由于中央对手方职能主要存在于场内市场，作为金融市场基础设施之一的中央对手清算机构，大多在特定行业层面接受监管。危机之后，这一状况有了深刻变化。中央对手清算机构作为具有系统重要性的核心金融市场基础设施之一，由中央银行乃至更高层面的金融稳定协调机构主导监管。依据 G20 框架下金融稳定理事会的总体安排，国际支付结算体系委员会（CPSS）和国际证监会组织（IOSCO）技术委员会 2012 年发布了《金融基础设施标准》，

中央对手方与证券结算系统、重要支付系统、集中证券托管系统等并列成为确保国际金融市场稳健运行的五大核心基础设施之一。在新的形势下，中央对手清算机构系统重要性金融市场基础设施的地位，除了前述具有管理系统性风险的内在特质，还可以从以下三个方面来认识：

首先，中央对手清算机构的潜在业务规模巨大。以 2012 年底之前所有标准化场外衍生产品中央对手清算为目标，各国和国际组织开展了大量工作，包括明确政策要求和强化经济激励：前者主要是针对产品类别、参与主体等出台强制中央对手清算法律或者规定，细化中央对手清算机构"自下而上"主动申请，或者监管机构"自上而下"主动介入的强制中央对手清算实施路径。后者主要是明确商业银行涉及中央对手清算机构的场外衍生产品风险资本计提标准，对仍然保持双边清算的场外衍生产品交易提出更高的保证金要求[1]。国际货币基金组织 2010 年《国际金融稳定报告》称，"全球 3/4 的利率互换、2/3 的信用违约互换以及 1/3 的其他场外衍生产品比较标准化，流动性较高，适于纳入中央对手清算"，据此粗略估算，场外衍生产品中央对手清算业务总体规模接近 400 万亿美元（名义本金）。而国际清算银行统计的场内衍生产品名义本金余额规模一直不足百万亿美元。

其次，中央对手清算机构控制着数额庞大的金融资源，能够显著影响金融市场的流动性。一旦标准化场外衍生产品全部纳入中央对手清算，中央对手清算机构所管理保证金（含抵押品）规模将极为庞

---

① Margin Requirements for Non – centrally Cleared Derivatives – Second Consultative Document, Basel Committee on Banking Supervision and Board of the International Organization of Securities Commissions, February 2013.

大。国际清算银行 2012 年 3 月发布的一份报告提出①，场外交易的标准化利率互换和信用类衍生产品如果全部实现中央对手清算，初始保证金规模约为 900 亿美元。英格兰银行 2012 年 6 月发布的《金融稳定报告》提出，场外交易的标准化利率互换和信用类衍生产品如果全部实现中央对手清算，初始保证金规模可能超过 1500 亿美元②。尽管这些估算非常粗略且有多种假设条件，但足以说明其规模。另据道琼斯报道，2012 年"桑迪"飓风期间，美国很多商业银行由于金融市场休市而向洲际交易所信用衍生产品清算公司提交国债置换现金获得流动性，报道指出，这种情况在国际金融市场上第一次出现，"这个时候，清算所的角色与中央银行类似"。

最后，中央对手清算机构在国际场外衍生产品市场有着强烈的自然垄断趋势。相比场内衍生产品市场，场外衍生产品市场跨境交易特点更为显著，少数国际大机构居于市场绝对支配地位。再加上场外衍生产品流动性不高、违约处置需要清算会员深度参与等原因，都使得国际场外衍生产品市场中央对手清算业务高度集中化，呈现出强烈的自然垄断趋势。例如，在全球场外利率互换中央对手清算业务领域，伦敦清算所一直占据着主导地位；在全球场外信用违约互换中央对手清算业务领域，洲际交易所信用衍生品清算公司迅速确立了主导地位。多个新兴经济体则立足于相对封闭的本国金融市场，采取政策引导模式建立具有市场独占地位的场外衍生产品中央对手清算机构。在这种情况下，中央对手清算机构的安全、高效运行，必须也必然要求有很高层级的金融监管。

---

① Collateral Requirements for Mandatory Central Clearing of over the Counter Derivatives, BIS Working Papers No 373, Daniel Heller and Nicholas Vause.

② Financial Stability Report, Bank of England, June 2012, Issue No. 31.

四、中央对手清算机制国际监管改革经验

国际上普遍认为，CCP 清算机制要发挥良好的功能，有赖于监管机构对 CCP 实施有效的监管。因此，美国与欧洲的监管当局、立法机构或其他国际性组织在推动 CCP 清算的同时，纷纷出台法律、法规、监管指引。从美国、欧盟已出台的监管法案，以及国际支付结算体系委员会（CPSS）、国际证监会组织（IOSCO）发布的《金融市场基础设施原则（征求意见稿）》（以下简称《基础设施原则》）来看，主要监管机构和国际组织对 CCP 的监管框架都包括风险管理要求、财务资源监管要求、信息披露监管要求、利益冲突监管要求等方面。

（一）CCP 风险管理要求

1. 美国对 DCO（Derivatives Clearing Organization，DCO，即 CCP）的风险管理要求

《多德—弗兰克法案》规定，DCO 应该通过运用适当的工具和方法实现有效的风险管理。第一，在每个交易日 DCO 应至少测算一次自身相对于清算成员的信用敞口，并对敞口变动情况进行监测；第二，DCO 必须通过保证金和其他风险控制机制对清算成员违约可能带来的风险进行限制，从而保证其正常运营，同时避免给未违约清算成员带来不可控的损失；第三，DCO 从清算成员处收取的保证金必须能覆盖其在正常市场条件下的风险敞口，用于计算保证金要求的模型和参数必须基于风险特性，并需要经常进行审核。此外，美国商品期货交易委员会（CFTC）在《多德—弗兰克法案》的基础上制定了一系列相关实施细则。

2. 欧盟

《欧盟监管草案》规定，CCP 应该设立由清算成员和外部董事组成的风险委员会，其具有风险管理职能，并应直接向董事会报告，不

受其他事务影响。同时，草案规定 CCP 必须通过一系列强化机制来缓和其对手方信用风险敞口。这些机制主要包括保证金要求、违约基金、财务资源以及其他风险控制手段。草案要求违约基金和财务资源必须保证 CCP 能够承受信用敞口最大的两家清算成员的违约，并且能够应对突然出售财务资源和市场流动性快速收缩的情形。

在应对流动性风险方面，草案要求 CCP 能够在财务资源使用受限时获得必要的信用支持或类似的安排以缓解流动性压力。另外，对于头寸和相应抵押品的隔离和转移，草案也制定了重要规则。此举有助于通过 CCP 清算有效降低对手方信用风险，保护清算会员的利益。

3. CPSS—IOSCO 的原则

CPSS—IOSCO 的《基础设施原则》对 CCP 等市场基础设施的风险管理提出了一系列指导性意见，主要包括：第一，风险管理框架原则。CCP 应该建立良好的风险管理框架以处理法律风险、信用风险、流动性风险、操作风险及其他风险。第二，信用风险原则。该原则要求 CCP 除了消除当前信用风险敞口外，还要利用保证金和其他财务资源控制潜在的信用风险敞口。另外，CCP 还需要保留额外的财务资源，以应对常规压力测试中的危机情景。特别地，原则要求 CCP 保有充分的财务资源以应对信用敞口最大的一家（或两家）市场成员违约的情况。第三，流动性风险原则。要求 CCP 应该保持充分的流动性资源以满足特定压力情形下日内和日间的支付义务，并设定了最低流动性要求。第四，商业风险原则。要求 CCP 持有足够流动性的股权净资产以覆盖可能的商业损失。第五，托管和投资风险原则。CCP 需保证其资产价值，CCP 的投资应限于最小的信用风险、市场风险和流动性风险的投资品。第六，操作风险原则。CCP 应使用合适的系统、内控和流程来避免操作风险。

（二）CCP 的财务资源监管要求

为应对信用风险并避免由信用风险造成系统性的金融风险，CCP 必须有能力使用自身的财务资源，使其潜在未来风险敞口处于高度可控的状态。

1. 美国对 DCO 的财务资源要求

《多德—弗兰克法案》规定，DCO 应具备充足的金融、运营和管理资源，以满足清算义务需求。DCO 应同时具备的最低财务资源要求为：在极端但合理的市场情况下，某成员或参与者发生违约造成最大金融风险敞口时，应足以使清算机构满足对成员及参与者的义务；能满足衍生产品清算机构 1 年的运营成本。CFTC 在其《DCO 的财务资源要求（征求意见稿）》中针对《多德—弗兰克法案》中对 DCO 的最低财务资源进行了补充，规定满足第一种最低要求的财务资源可包括违约清算成员的保证金；DCO 的自有资本；违约清算成员以及未违约清算成员的清算基金；违约保险；如果 DCO 规则允许，未违约清算成员的额外担保金；CFTC 批准的其他财务资源。规定满足第二种最低要求的财务资源可包括 DCO 的自有资本和 CFTC 批准的其他财务资源。在清算所拥有附属清算所或被另一家清算所控制的情形下，CFTC 建议应把两者联合作为一个单一实体来判断最大风险暴露头寸。CFTC 要求 DCO 应以月度为基础进行压力测试，合理计算所需的财务资源。同时，DCO 应每隔一段时间（至少一个月一次）合理评估所拥有的财务资源的市场价值。

2. 欧盟

《欧盟监管草案》中规定，CCP 财务资源应足以弥补保证金以及违约基金所未能覆盖的损失，财务资源可包括清算成员或其他参与方提供的清算基金、损失共担机制安排（Loss Sharing Arrangements）、保险、CCP 的自有基金、母公司担保（Parental Guarantees），这些资金能够自由地被 CCP 获取且不能用于补充运营成本。

此外，CCP 的运营须满足最低资本金要求才能获得批准。当一个或多个市场成员违约时，CCP 的自有资金是违约成员的保证金、清算基金（Default Fund）以及其他财务资源耗尽之后的最后一道屏障。

（三）CCP 的信息披露监管要求

1. 美国对 DCO 的信息披露要求

《多德—弗兰克法案》规定了 DCO 的年报制度，要求 DCO 向 CFTC 提供 CFTC 认为有助于对 DCO 进行监测的所有信息。DCO 的首席合规官（Chief Compliance Officer）必须每年向 CFTC 提供年度合规报告。《多德—弗兰克法案》还规定了 DCO 的公开信息制度。原则上，每一家 DCO 必须向市场参与者提供充足的信息，以便于市场参与者判断并评估使用该清算机构所提供服务的成本和风险。DCO 应向市场参与者公布其清算和结算系统的使用规则、运营以及违约处理程序。DCO 向公众及 CFTC 公布的信息包括：DCO 清算的每份合约的条款信息；DCO 向其成员及参与者收取的清算费用及其他费用；保证金确认方法；DCO 财务资源的规模及构成；DCO 每日清算合约的价格、交易量；其他信息。

2. 欧盟

《欧盟监管草案》对透明度问题进行了专门规定：CCP 应公开其所提供每一单项服务的价格和收费，包括折扣、回扣以及享受折扣回扣的条件；CCP 应对其清算成员和客户公开所提供服务的相关风险；CCP 应公布资产的价格信息以计算其与成员之间日末的暴露头寸，并公布每类资产工具的已清算交易量。

3. CPSS—IOSCO

CPSS—IOSCO 的《基础设施原则》对 CCP 的信息披露相关问题做出规定，要求包括 CCP 在内的金融市场基础设施应提供充分的信息，以确保市场参与者能够对加入该金融市场基础设施所引发的风险以及承担的义务有准确的认知。金融市场基础设施需要公布：所有成文的规则（Rules）和常规程序做法（Procedures）及相关解释性材料（Explanatory Material）；收费情况及折扣信息；金融基础设施的直接参与者；金融基础设施的风险管理框架（如保证金计算方法）；金融基础设施应对潜在损失的财务资源；交易量；其他相关信息。另外，金融市场基础设施需向其参与者提供必要的培训以促进参与者对该设施的认知水平。新参与者在使用某金融基础设施前必须接受相关培训。

（四）CCP 的利益冲突监管要求

1. 美国

《多德—弗兰克法案》规定，每个 DCO 都要指定专员担任首席合规官。首席合规官要审核 DCO 是否遵守法案规定的核心准则，处理可能存在的利益冲突，制定对不合规行为的处理流程，每年出具合规报告。法案同时要求 CFTC 制定具体法规，以解决 DCO 等机构因股票所有权、投票结构和其他管理安排可能引起的利益冲突问题。

为了实施《多德—弗兰克法案》，CFTC 发现以下潜在的利益冲突：一是在决定互换合约是否能被清算、互换清算会员的最低准入标准等方面可能面临利益冲突问题；二是在平衡商业利益和自身监管责任之间可能存在利益冲突。CFTC 对此提出了一整套解决方案，其中包括：一是公司治理结构方面的规定，对 DCO 的董事会成员构成作出具体的规定，并且要求成立提名委员会、纪律委员会和风险管理委员会；二是对有投票权股票的所有者作出限制或者对行使投票权作出限制，要求 DCO 任选其一。

2. 欧盟

《欧盟监管草案》规定，CCP 须有稳健的治理制度，能够对所有者、管理层、清算会员以及间接参与者之间任何潜在的利益冲突作出反应。独立董事的作用尤为重要。风险委员会应直接向董事会报告，不受其他事务影响。CCP 还应具有完备的内部系统、运营与行政程序，并接受独立审计。此外，《欧盟监管草案》还要求公开披露治理制度。

3. CPSS—IOSCO

对于金融市场基础设施可能存在的利益冲突问题，CPSS—IOSCO 的《基础设施原则》提出，金融市场基础设施对董事会的作用和责任应该有清晰的界定，董事会的工作应该有文字记录，包括发现、解决和管理利益冲突问题的整个过程。管理层的作用和责任也应该得到清晰的界定。此外，金融市场基础设施面临的利益冲突问题的大小取决于其所有者结构和组织架构。

五、巴塞尔委员会对商业银行的资本要求

巴塞尔委员会（BCBS）于 2013 年 1 月起实施的《商业银行对中央对手方风险敞口的资本要求》，对银行与合格中央对手方交易的交易风险敞口和违约风险敞口的资本要求，以及对非合格中央对手方风险敞口的资本要求作出具体规定。

（一）对巴塞尔协议的修改和增补

作为巴塞尔协议Ⅲ的一部分，《商业银行对中央对手方风险敞口的资本要求》是在对巴塞尔协议Ⅱ现有文本的修订和增补的基础上制定的，以下简要介绍该文件对巴塞尔协议Ⅱ的修订和增补。

1. 通用术语

在巴塞尔协议Ⅱ附件 4 第 2 部分"通用术语"的基础上增加了中央对手方、合格中央对手方、清算会员、客户、初始保证金、变动保证金、交易敞口、违约基金、抵消交易等通用术语，对术语的含义进行了说明。

2. 适用范围

对巴塞尔协议Ⅱ附件4第2部分"适用范围"的内容进行了修改，规定由OTC衍生产品、交易所交易衍生产品、回购和逆回购交易产生的对中央对手方CCP风险敞口适用于巴塞尔协议Ⅱ附件4所规定的交易对手方信用风险处理办法，而现货交易清算带来的风险敞口不在适用范围内。

3. 中央对手方

在巴塞尔协议Ⅱ附件4中增加了第4部分"中央对手方"，主要内容是：一是不论CCP是否是合格CCP，银行仍有义务确保足够的资本以覆盖风险敞口；二是如果银行是清算会员，银行应当根据适当的方案，对覆盖CCP风险敞口的资本水平是否足够化解交易内在风险进行评估和压力测试；三是银行应当监督并定期向高管层和董事会有关委员会报告对CPP的风险敞口；四是提出了银行与合格或者不合格CCP交易的风险敞口的资本要求。

（二）商业银行对合格CCP风险敞口的资本要求

1. 交易敞口

（1）作为清算会员：对CCP的风险敞口

如果银行是CCP清算会员银行，为自身提供清算，必须对与OTC衍生产品、交易所交易衍生产品、回购及逆回购交易有关的CCP交易风险敞口计算2%的风险权重；如果为客户提供清算，且在CCP违约导致客户损失时需弥补客户损失，则也要针对该CCP交易风险敞口计算2%的风险权重。这类交易风险敞口额可以根据巴塞尔协议有关内容，使用内部模型法（IMM）、现期风险暴露法（CEM）或标准法计算，在计算中根据巴塞尔协议Ⅱ有关规定，将信用风险缓释技术考虑在内。

（2）作为清算会员：对客户的风险敞口

银行作为清算会员应当按照双边交易对客户的风险敞口（包括潜在的 CVA 风险敞口）计算资本要求，不管其对交易提供保证还是作为客户和 CCP 的中间人。然而，考虑到银行提供清算服务的交易能够在较短时间内平仓，清算会员银行可以按照最少 5 天的保证金调整周期来计算对客户风险敞口的资本要求（如果采用内部模型法），或者对违约风险暴露（EAD）乘以不少于 0.71 的倍数（如果采用现期风险暴露法或标准法）。

（3）作为客户

如果银行是清算会员的客户，且在交易中有清算会员充当中间人，银行对清算会员的风险敞口按照上述第 1 点"清算会员对 CCP 的风险敞口"的方法处理，按照 2% 计算风险权重；如果银行与 CCP 的交易中有清算会员提供保证，银行对 CCP 的风险敞口同样按照上述方法处理。前提是满足以下两项条件：

一是 CCP 将抵消交易识别为客户交易，并持有相应的抵押品，且清算会员具备相应制度安排，确保在清算会员违约或破产、清算会员的其他客户违约或破产、清算会员及其他客户同时违约或破产三种情形下，清算会员都能防止该客户的任何损失。

二是相关的法律、制度、规则、合同或监管安排能够保证，如果清算会员违约或破产，与清算会员的抵消交易将非常有可能通过 CCP 或被 CCP 间接执行。

如果在清算会员和任一其他客户共同违约或破产的情况下客户损失不能避免，但上面两项条件的其他内容都满足，客户对清算会员的风险敞口采用 4% 的风险权重来处理。

如果银行是清算会员的客户，且以上条件都不能满足，银行应按照双边交易对清算会员的风险敞口（包括潜在的 CVA 风险敞口）计算资本要求。

（4）银行抵押品的处理

不论资产是否抵押，银行均应当按照资本充足率框架下类似资产和抵押品来计算风险权重。如果银行作为清算会员或客户，其资产或抵押品抵押给 CCP 或另一家清算会员，且不是以破产隔离方式持有，银行还必须根据资产或抵押品的损失风险敞口确认信用风险。如果抵押品由托管人保管且以破产隔离方式持有，就不需要对交易对手方信用风险敞口计算风险资产。在 CCP 代表客户持有抵押品且不是以破产隔离模式持有的情况下，如果满足上面第（3）点两项条件，应当对抵押品计提 2% 的风险权重；如果在清算会员和任一其他客户共同违约或破产的情况下客户损失不能避免，但两项条件的其他内容都满足的情况下，应当对抵押品计提 4% 的风险权重。

2. 违约基金（Default Fund）敞口

清算会员银行可以按以下两种方法对交纳给合格 CCP 的违约基金敞口计算资本要求。

（1）第一种方法

清算会员银行可以采用一个风险敏感的公式来计算其违约基金敞口的风险权重，这一公式考虑了以下因素：①一个合格 CCP 拥有的金融资源的大小和质量；②它的交易对手信用风险敞口；③在一个或多个清算会员违约时，这些金融资源承担损失的顺序。具体计算可以由 CCP、银行、监管部门或其他主体来承担。

具体计算步骤如下：

首先，计算 CCP 对所有清算会员的交易对手信用风险敞口所应计提的虚拟资本要求 K_{CCP}。公式如下：

$$K_{CCP} = \sum_{\substack{clearing \\ members\ i}} \max(EBRM_i - IM_i - DF_i; 0) \cdot RW \cdot Capital\ ratio$$

式中，RW 是风险权重 20%；$Capital\ ratio$ 资本比例为 8%；max

（$EBRM_i - IM_i - DF_i$；0）是 CCP 对清算会员"i"的风险敞口；$EBRM_i$ 代表对清算会员"i"在风险缓释之前的风险敞口，在本公式中，已追加的变动保证金（Variation Margin）在对各交易进行市价估值时予以反映；IM_i 是清算会员交纳的初始保证金；DF_i 是清算会员为分担清算会员的违约对 CCP 造成的损失而交纳的违约基金。

其次，假设平均有两家清算会员违约，因而它们的违约基金不能用来分担 CCP 损失时，计算所有清算会员的总体资本要求。基于这种假设的计算公式如下：

$$K_{CM}^* = \begin{cases} c_2 \cdot \mu \cdot (K_{CCP} - DF') + c_2 \cdot DF'_{CM} & if\ DF' < K_{CCP} \\ c_2 \cdot (K_{CCP} - DF_{CCP}) + c_1 \cdot (DF' - K_{CCP}) & if\ DF_{CCP} < K_{CCP} \leq DF' \\ c_1 \cdot DF'_{CM} & if\ K_{CCP} \leq DF_{CCP} \end{cases}$$

式中，K_{CM}^* = 所有清算会员交纳的违约基金的总体资本要求；

DF_{CCP} = CCP 的实收自有资金（如实收资本、留存收益等），这些资金应在违约基金之前首先被用来吸收 CCP 的损失；

DF'_{CM} = 未违约清算会员已交纳的违约基金，其中 K_{CCP} 是清算会员已交纳的违约基金；

DF' = 总体可用来吸收损失的违约基金，$DF' = DF_{CCP} + DF'_{CM}$；

C_1 是一个递减的资本因子，在 0.16% 和 1.6% 之间；C_2 为 100%；$\mu = 1.2$。

最后，按照各清算会员交纳的违约基金比例来分配 K_{CM}^*，计算单家清算会员的违约基金资本要求（K_{CM_i}）。

$$K_{CMi} = \left(1 + \beta \cdot \frac{N}{N-2}\right) \cdot \frac{DF_i}{DF_{CM}} \cdot K_{CM}^*$$

式中，N 为清算会员个数；DF_i 为清算会员"i"交纳的违约基金；DF_{CM} 是所有清算会员交纳的违约基金；β 为最大两家清算会员对中央对手方的潜在风险暴露净额在所有会员中的占比。

如果 CCP 没有要求清算会员交纳违约基金，上述分配公式不能使用时，可以用两种方法来分配：①根据每个清算会员的违约基金承诺比例来分配；②在方法①也不适用时，根据每家清算会员的初始保证金比例来分配。

CCP、银行、监管部门或其他能获得相关数据的实体在计算 K_{CCP}、DF_{CM} 和 DF_{CCP} 时需要接受 CCP 监管部门的监督，并将其计算结果与清算会员银行和其监管部门共享，以方便每家清算会员计算其违约基金资本要求。K_{CCP} 和 K_{CM_i} 应至少每季度重新计算一次。

（2）第二种方法

清算会员银行可以直接用 1250% 的风险权重来计算对 CCP 违约基金敞口的风险资产，这种计算方式有一个封顶上限，就是它对 CCP 所有敞口（包括交易敞口）的风险资产总额不超过它对 CCP 交易敞口的 20%。具体计算公式如下：

$$Min\{(2\% \cdot TE_i + 1250\% \cdot DF_i) ; (20\% \cdot TE_i)\}$$

式中，TE_i 是银行 i 对 CCP 的交易敞口；DF_i 是银行 i 交纳给 CCP 的违约基金。

（三）商业银行对非合格 CCP 风险暴露的资本要求

对于交易敞口，银行应采用信用风险标准法来计算对非合格 CCP 的风险敞口资本要求。对于违约基金敞口，银行应采用 1250% 的风险权重来计算它对非合格 CCP 的违约基金敞口的风险资产。在计算时不仅要包括已交纳的违约基金，而且要包括虽未交纳但 CCP 要求必须交纳的部分。如果银行有未交纳的违约基金承诺，监管机构应在巴塞尔协议支柱 2 中评估决定未交纳的违约基金承诺有多少需要应用 1250% 的风险权重来计算风险资产。

第三节　大力推进我国中央对手清算的建设

一、我国场外市场中央对手清算制度的建立和发展

中国人民银行早在 2005 年就开始研究在场外金融市场引入中央对手清算机制。2009 年 11 月 28 日上海清算所成立，这标志着我国场外金融市场正式引入中央对手清算机制。根据中国人民银行的要求，上海清算所不仅负责为银行间市场提供全面的、以中央对手方为主的集中清算服务，同时按照市场化的要求，积极拓展业务，朝着跨市场清算的目标迈进。上海清算所是本次国际金融危机之后全球第二家、亚洲第一家新设中央对手清算机构，仅次于 2009 年 3 月美联储批准成立的洲际交易所清算公司。在中央对手清算的组织建设上，我国走在了国际前列。

上海清算所成立后，通过五年时间成功搭建起包括本外币、现货和衍生产品、利率汇率金融衍生产品和新兴大宗商品金融衍生产品等在内的跨市场、多产品的中央对手清算业务体系，确立了我国场外金融市场统一清算平台的地位。国际社会对上海清算所的工作进展也非常关注。2013 年 5 月 8 日，全球中央对手方协会（CCP12）在韩国釜山举办的全体会员大会一致同意批准上海清算所成为其正式成员，这标志着上海清算所作为我国目前唯一的中央对手清算机构取得的成就得到国际社会特别是国际同业的充分认可和高度评价。

上海清算所计划将中央对手清算业务全面覆盖债券、利率、汇率、信用、大宗商品、跨境等各类衍生产品，以有效发挥专业化的中央对手清算功能，为完善场外金融市场基础设施建设，加强系统性风险管

理，确保市场安全平稳运行发挥积极作用。但是，我国 CCP 发展还处于初级阶段，目前我国参与 CCP 交易的品种还不够多，部分品种交易还不够活跃，相比我国金融衍生产品市场的规模，CCP 发展还有很大的空间。

二、加快推进我国中央对手方建设的必要性

（一）加快推进中国中央对手方建设，顺应最新国际监管要求和市场大势

2009 年 9 月，20 国集团（G20）匹兹堡峰会发表的公告要求，最迟至 2012 年底，所有合适的标准化场外衍生产品合约应在交易所或电子平台上交易，并通过中央对手方清算；场外衍生产品合约需向交易报告库报告。据此，各国监管部门加大对场外衍生产品市场的监管力度，推行了中央对手方（CCP）集中清算、交易报告库、交易平台建设等几个方面的监管改革。场外衍生产品市场监管变革的主要趋势有以下几个特点。

一是扩大中央对手方集中清算的使用。根据 20 国集团（G20）公告关于"最晚在 2012 年底，所有符合条件的标准化衍生产品合约必须通过中央对手方进行清算"的要求，监管机构和金融行业共同对"可清算产品"进行定义，充分发挥集中清算共担机制有效降低场外衍生产品交易各类风险的功能。

二是提高市场透明度。交易报告库（Trade Repository，TR）是对交易进行集中登记的电子数据库，已成为提升交易透明度的重要手段。监管部门可以通过对中央对手方和交易报告库的数据来了解市场情况，尤其是高频数据能极大地提高监管能力，更有针对性地开展市场监管活动。

三是全面推进标准化。场外衍生产品市场的标准化包括合约标准

化、处理流程标准化和法律标准化。标准化让市场参与者以更加简单直接的方式参与交易、结算和管理头寸，降低了衍生产品不必要的复杂性，有利于管理风险。

四是完善非集中清算交易的风险管理机制。首先，ISDA 主协议及其信用支持文件所确立的抵押安排在法律上为场外衍生产品的双边交易提供了一套稳健的风险管理机制。其次，充分发挥资本金要求的引导作用。G20 要求"非集中清算的合约应该比集中清算的合约执行更高的资本金要求，与其风险相匹配"。巴塞尔协议 Ⅲ 明确，将场外衍生产品双边交易转化为中央对手方集中清算可大幅降低银行为此计提的风险资本准备。美国《多德—弗兰克法案》同样提高了所有参与非集中清算场外衍生产品交易的银行的资本金要求。欧盟等也提出要加大中央清算和双边清算之间的资本金差异，以控制市场风险。

在国际证监会组织（IOSCO）、国际支付结算体系委员会（CPSS）、国际清算银行（BIS）等国际机构的推动下，各国在场外衍生产品市场监管改革方面取得了重要进展，在推进中央对手方集中清算等监管架构系统性优化的前提下，规范有序地发展金融衍生产品市场。金融危机后，在场外衍生产品市场特别是信用违约互换市场，一些国家和地区加快了引入中央对手方的步伐。从 2009 年开始，已经有 16 家场外衍生产品集中清算中央对手方（见表 5 - 7）投入运营，为信用、商品、股权、外汇、利率五大类衍生产品提供集中清算服务。

第五章 推进合格中央对手方建设 奠定金融衍生产品发展的基础

表 5 −7 各国（地区）场外衍生产品集中清算中央对手方

CCP 名称	所在地	监管者	清算产品类型
巴西交易所	巴西	巴西中央银行、证券交易委员会	商品、股权、外汇、利率
加拿大衍生金融产品清算公司	加拿大	加拿大金融市场管理局、中央银行	股权
印度清算有限公司	印度	印度储备银行	外汇
CME 欧洲清算所	英国	英国金融服务局（FSA）	商品
CME 集团（CME Group）	美国	CFTC、SEC、英国金融服务局	商品、信用、外汇、利率
Eurex Clearing	德国	联邦金融监管局、FSA、CFTC	商品
ICE 信用清算所	美国	CFTC、SEC	商品
ICE 欧洲清算所	英国	FSA、CFTC、SEC	商品、信用
日本证券结算公司	日本	金融厅	信用
LCH Clearnet Ltd.	英国	FSA、苏格兰银行、CFTC、得到瑞士、德国、加拿大豁免	商品、利率、外汇
LCH Clearnet S. A.	法国	法国金融市场监管局、ACP、FSA、CFTC	信用
LCH Clearnet LLC.	美国	CFTC	利率
新加坡亚洲清算所	新加坡	新加坡金融管理局	商品、外汇、利率
欧洲商品清算所	德国	联邦金融监管局、中央银行	商品
上海清算所	中国	中国人民银行	利率、外汇、商品
香港场外结算有限公司（试运营）	中国香港	香港证监会（SFC）	利率、外汇

资料来源：根据互联网资料整理。

在五类衍生产品中，利率类衍生产品、信用类衍生产品集中清算规模较大（见表5-8）。CCP的直接清算会员一般都在本国国内，都是大型银行、经纪商和交易商等，目前约一半的CCP都只能为一类基础资产衍生产品提供清算，还没有CCP可以为所有类型衍生产品提供清算服务。可见，中央对手方清算机制的建立已成为国际衍生产品市场发展的一个趋势，而且还有很大的发展潜力。我国要发展金融衍生产品市场，必须要根据国际监管要求和市场大势，尽快推进这一基础设施建设。

表5-8　　　　　　　主要CCP历年未平仓合约名义金额　　　单位：10亿美元

衍生产品类型	2010年末	2011年末	2012年末
利率类衍生产品	124398	124088	170700
信用类衍生产品	1231	1645	2500
外汇类衍生产品	73	93	—
商品类衍生产品	25	17	—
股权类衍生产品	11	2.8	—

资料来源：国际清算银行（BIS）。

（二）加快推进中国CCP建设是我国金融国际化的需要

我国作为新兴的经济大国，越来越多的国际金融机构需要参与到国内金融衍生产品市场，而我国机构也迫切需要"走出去"参与跨境的金融衍生产品交易，这些都要求我国的清算机构能够提供全球化的中央对手清算服务。如果法律不能支持与国际标准一致的中央对手清算机制，会打击国际金融机构参与我国中央对手清算的积极性，也可能因其母国的监管规定而无法参与我国的中央对手清算，从而影响我国清算机构和金融机构迈出国门的步伐，进而影响我国金融市场的对外开放。

在金融深化和金融体制改革进程中，利率和汇率市场化必然导致价格随行就市形成波动，无论是实体企业还是金融机构都需要用金融衍生工具来对冲价格风险，需要中央对手清算机制来管理衍生产品的风险，并要由法律来保护中央对手清算机制的稳定运行。由于金融衍生工具交易参与者的范围越来越广，只有在法律确保中央对手清算机制稳健运行的情况下，才能保证参与金融衍生工具交易单个主体或部分主体的违约风险不会波及其他交易参与者，有效防范金融市场系统性风险。

三、优化和完善我国中央对手清算涉及的法律制度

我国场外衍生产品交易中央对手清算机制在 2009 年才初步建立，随着业务的不断推进，法律环境不完善的问题逐渐显露出来。在市场经济体制下，法律是所有机制有效运行所必须遵循的准则，中央对手清算机制必须遵照相关的法律来运行。虽然我国现有法律环境能够对中央对手清算机制提供一定法律保障，如合约替代有效性、净额计算有效性等，但是中央对手清算机制的法律支撑都来自基础性法律法规，其与中央对手清算机制的匹配性不强，以及实践中问题的复杂性，导致我国中央对手清算机制存在一定的法律风险。

在我国现有法律环境下，中央对手清算机制面临最主要的法律问题集中在结算最终性、终止净额有效性、保证金相关问题、代理清算相关问题和提高强制清算立法层级五个方面。一直以来，金融市场交易、清算和结算过程中都面临这五个方面的问题，对金融市场的安全运行具有重要影响。在我国金融市场快速发展，金融市场安全稳定运行对我国整体经济发展起着至关重要作用的今天，进一步推动上述问题的解决愈发重要而迫切。

鉴于中央对手清算机制对于金融市场的基础性作用，我国应当尽快完善法律环境，制定行之有效的法律措施，使中央对手清算机制更

为健康、有序、合理地发展。法律专家认为（上海清算所《会员通讯》，2014），在立法路径上应当分三个步骤进行。

（一）在现有法律条件下确保中央对手清算稳定运行

在中央对手清算业务迅猛发展，而相关立法缺失的情况下，建议可以先参照现有适用其他金融领域的法律来构建中央对手清算机制，以确保中央对手清算业务的安全稳定运行。

1. 保证金的隔离和快速处理

在我国发展最成熟的期货交易制度中，通过自身长期发展及广泛的社会影响力，已经初步形成了确保期货保证金安全隔离的相应法律体系。《期货交易管理条例》、《期货交易所管理办法》、《期货公司管理办法》等行政法规、部门规章和司法解释，对期货保证金的资金管理、账户管理作出了具体规定，明确了保证金账户内的资金所有权，为保证金交易的操作以及期货交易纠纷处理提供了法律依据。上述规定保证了期货保证金不会因盯市而造成保证金沦为一般债权债务关系，同时又确保了期货保证金仅用于期货交易的结算。虽然期货保证金的性质并未被定性为担保品，相关规定的法律效力也比较低，但由于我国具体规章和司法解释比法条更为明确，司法实践中基本可以据此来保障期货保证金的安全隔离。

从保证金的目的和用途来看，中央对手清算机构保证金的性质与期货交易保证金性质相同，都是用于担保金融衍生产品交易。期货交易与人民币利率互换交易等都属于金融衍生产品，期货保证金制度的法律规定、司法解释可以相应地适用于金融衍生品清算保证金。

2. 结算最终性

中国人民银行承担着统筹协调支付体系建设，会同有关部门制定支付结算规则，维护支付清算系统正常运行的法定职责。中国人民银行发布的《大额支付系统业务处理办法（试行）》第二十三条和《大额支付系统业务处理手续（试行）》第七部分都规定，资金一旦清算，支付业务不能撤销。中国人民银行发布的《小额支付系统业务处理办法（试行）》第十一条也规定了支付具有最终性，不可撤销。鉴于两个支付系统①在我国金融体系中肩负重要的基础设施功能，在该系统上进行支付结算的业务，其最终性、不可撤销性得到较强的保护。《银行间债券市场债券登记托管结算管理办法（中国人民银行令〔2009〕第1号）》也以部门规章的形式对结算最终性的相关内容作出规定。

中央对手清算机构应当尽量将资金结算或清算通过大额支付系统进行，以确保结算的最终性。但是，《企业破产法》是全国人大常委会制定的法律，其法律效力高于中国人民银行的部门规章。在此情况下的结算最终性是否能被认可，存在不确定因素。

3. 终止净额有效性

终止净额有效性的挑战来自破产管理人的财产追回权。依据我国《企业破产法》和相关实践，破产管理人在进行财产追回时，在发现财产已被持有人依据合同约定进行处理，且在该处理过程中不存在恶意，则该财产将有可能免于被追回。因此，中央对手清算机构在完成终止净额计算后，应当及时对相应收付进行处理。如有可能，应当在清算参与者出现破产征兆而未宣布破产时即进入违约处理程序，以排除破产管理人的介入。

（二）以司法解释增强中央对手清算的法律确定性

针对前文所述的法律问题，在短期内可以由司法机关出台与中央对手清算相关的司法解释，以明确相关基础法律在中央对手清算业务

---

① 大额支付系统采取逐笔实时支付，全额清算资金；小额支付系统采取批量支付，轧差净额清算资金。

中的适用性，消除法律不确定性。

1. 完善终止净额有效性

当清算参与人发生破产等情形时，就其在金融市场中央对手清算业务中与中央对手清算机构形成的全部债权债务，中央对手清算机构提出抵销的，人民法院应当支持。

2. 完善保证金制度

金融市场中央对手清算业务中的保证金，只要存放于特定账户中，即视为担保成立。中央对手清算机构依据协议或已公布的业务规则处分保证金和保证券并优先受偿的，人民法院应当支持。

3. 完善结算最终性

中央对手清算机构主张履行中央对手清算程序属于《企业破产法》第三十二条"使债务人财产受益"的其他情形，人民法院应当支持。中央对手清算机构主张结算中所涉及的资金收付和资产交割属于《企业破产法》第四十二条规定的共益债务的范围时，人民法院应当支持。

（三）针对中央对手清算进行专门立法

等到中央对手清算机制与各基础法律和相关司法解释充分磨合、修订而趋于成熟的时候，适时通过修订《企业破产法》和《物权法》相关条款，甚至制定专门的相关法律，对中央对手清算机制进行全面而有效的法律确认。

参考文献

［1］安东尼·桑德斯．信用风险度量：风险估值的新方法与其他范式［M］．北京：机械工业出版社，2001．

［2］巴曙松．中国金融衍生产品发展路径：从国际比较看中国选择［J］．金融管理与研究，2006（5）．

［3］巴塞尔委员会．有效银行监管的核心原则（修订版）［M］．

［4］陈晗．金融衍生品：演进路径与监管措施［M］．北京：中国金融出版社，2008．

［5］陈光等．场外市场中央对手方清算理论与实务研究文集［M］．2013．

［6］"场外金融市场中央对手清算法律问题研究"课题组．场外金融市场中央对手清算法律问题研究［J］．上海清算所会员通讯增刊，2014（10）．

［7］戴维·斯基尔．金融新政：解读〈多德—弗兰克法案〉及其影响［M］．北京：中国金融出版社，2012．

［8］董裕平，全先银．多德—弗兰克华尔街改革与消费者保护法案［M］．北京：中国金融出版社，2010．

［9］韩立岩，王允贵．人民币外汇衍生品市场：路径与策略［M］．北京：科学出版社，2009．

［10］韩冰洁．金融危机后全球场外衍生品市场监管变革及进展

情况［R］．中国金融期货交易所研究报告，2013.

［11］韩冰洁．海外场外衍生品市场集中清算进展概况［R］．中国金融期货交易所研究报告，2013.

［12］廖岷．全球金融何处寻求再平衡［M］．北京：中信出版社，2010.

［13］林清泉，罗刚．我国金融衍生产品市场发展模式与路径选择［J］．经济学动态，2011（4）．

［14］陆泽峰．金融创新与法律变革［M］．北京：法律出版社，1999.

［15］李金泽．银行业法国际比较［M］．北京：中国金融出版社，2008.

［16］诺斯．经济史中的结构与变迁［M］．上海：上海三联书店，1991.

［17］帕特里克·T.哈克，斯塔夫罗斯·A.泽尼奥斯．金融机构的绩效：效率、创新和监管［M］．北京：中国金融出版社，2004.

［18］青木昌彦．比较制度分析［M］．上海：上海远东出版社，2001.

［19］徐孟洲．金融监管法研究［M］．北京：中国法制出版社，2008.

［20］约翰·B.考埃特，爱德华·I.爱特曼，保罗·纳拉亚南．演进着的信用风险管理——金融领域面临的巨大挑战［M］．北京：机械工业出版社，2001.

［21］易纲．中国改革开放三十年的利率市场化进程［J］．金融研究，2009（1）．

［22］中国银行间市场交易商协会金融衍生产品研究工作组．中国信用衍生品创新与发展问题研究［R］．2010.

［23］张忠军. 优化监管:金融监管法基本原则［J］. 法学,1998
(1).

［24］中国人民银行调查统计司课题组. 我国利率市场化的历史
现状与政策思考［J］. 中国金融,2011.

［25］中国人民银行金融研究所. 人民币汇率形成机制改革进程
回顾与展望［J］. 西部金融,2011 (11):4-5.

［26］CreditMetrics. Technical Document. J. P. Morgan,1997.

［27］Credit Suisse. Credit Risk Management Framework. Credit
Suisse Financial Products,1997.

［28］CROUHY, MICHEL, DAN GALAIAND ROBert MARK. A
Comparative Analysis of Current Credit Risk Models［J］. Journal of Bank-
ing and Finance 24, 2000:59-117.

［29］HYMAN P. MINSKY. Can "It" Happen Again?［D］. Essays
on Instability and Finance,1982.

［30］HYMAN P. MINSKY. Stabilizing an Unstable Economy［M］.
New Haven:Yale University Press, 1986.

［31］HYMAN P. MINSKY. Financial Instability Hypothesis［R］.
The Jerome Levy Economics Institute, Working Paper, 1992.

［32］HARRIS, LAWRENCE. Consolidation, Fragmentation, Segmen-
tation and Regulation［J］. Financial Markets, Institutions and Instru-
ments, 1993, 1 (2):5-13.

［33］HENTSchel, LUDGer and CLIFFORD W. SMITH. Risk and
Regulation in Derivatives Markets［J］. Journal of Applied Corporate Fi-
nance, 1994, 7 (3):8-21.

［34］GEORGE J. STIGLER. The Theory of Economic Regulation［J］.
The Bell Journal of Economics and Management Science, 1971, 2 (1).

［35］ GEORGE TSETSEKOS, PANOS VARANGIS. The Structure of Derivatives Exchanges: Lessons from Developed and Emerging Markets ［R］. World Bank Policy Research Working Paper, 1987.

［36］ GORDY, MICHAEL B. A Comparative Anatomy of Credit Risk Models ［J］. Journal of Banking and Finance 2000, 24: 119 – 149.

［37］ KMV Corporation. Credit Monitor Overview ［R］. San Francisco, California, 1993.

［38］ MICHAEL EHRMAN and MARCEL FRATZSCHER. Communication and Decision – making by Central Bank Committees: Different Strategies, Same Effectiveness? ［R］. ECB Working Paper No. 488, 2006.

［39］ MERTON, ROBERT, C. and ZVI BODIE. The Global Financial System: A Functional Perspective ［M］. Boston: Harvard Business School Press, 2000.

［40］ NICKELL, P., PERRAUDIN, W. and VAROTTO, S. Ratings – versus Equity – based Credit Risk Models: An Empirical Investigation ［R］. Bank of England Working Paper, 1998.

［41］ STEPHEN BEll and ANDREW HINDMOOR. Masters of the Universe, Slaves of the Market ［M］. Boston: Harvard University Press, 2015.

［42］ WILSON, T. Portfolio Credit Risk (Part I and II) ［J］. Risk Magazine, 1997.